Marie-Antoinette Gall

John Maynard Keynes

Leben - Werk - Epoche

Marie-Antoinette Gall

JOHN MAYNARD KEYNES

Leben - Werk - Epoche

ibidem-Verlag
Stuttgart

Die Deutsche Bibliothek - CIP-Einheitsaufnahme:

Ein Titeldatensatz für diese Publikation ist bei
Der Deutschen Bibliothek erhältlich

∞

Gedruckt auf alterungsbeständigem, säurefreien Papier
Printed on acid-free paper

ISBN: 3-89821-157-6
© *ibidem*-Verlag
Stuttgart 2002
Alle Rechte vorbehalten

Das Werk einschließlich aller seiner Teile ist urheberrechtlich geschützt. Jede Verwertung außerhalb der engen Grenzen des Urheberrechtsgesetzes ist ohne Zustimmung des Verlages unzulässig und strafbar. Dies gilt insbesondere für Vervielfältigungen, Übersetzungen, Mikroverfilmungen und elektronische Speicherformen sowie die Einspeicherung und Verarbeitung in elektronischen Systemen.

Printed in Germany

Meinen Eltern
und
In Memoriam A. A.

Inhaltsverzeichnis

1 Einleitung 9
2 Die Jugendjahre und die Zeit in Cambridge 11
2.1 Die Familie Keynes 11
2.2 Die Kindheitsjahre in Cambridge (1883-1897) 13
2.3 Die Jahre in Eton (1897-1902) 15
2.4 Die Studienjahre in Cambridge (1902-1906) 18
2.5 Das Indien-Ministerium (1906-1908) 21
2.6 Die Jahre als Universitätsdozent in Cambridge (1909-1914) 22

3 Keynes auf dem Weg zu einer internationalen Reputation 27
3.1 „Indian Currency and Finance" und die königliche Kommission (1913) 27
3.2 Der Bloomsbury-Zirkel: Glaubensbekenntnisse und Eigenarten 31
3.3 Der erste Weltkrieg (1914–1918) 34
   3.3.1 Die Arbeit für das Schatzamt 36
   3.3.2 Die finanziellen Probleme des Krieges 39
   3.3.3 Die Frage der deutschen Reparationszahlungen 41
3.4 Die Konferenz in Versailles (1919) 45
3.5 Die Abrechnung mit Paris „The Economic Consequences of the Peace" 50

4 Der Werdegang als international angesehener Ökonom 55
4.1 Der erfolgreiche Spekulant und Aufsichtsrat (1919-1946) 55
4.2 Der ökonomische Experte als Journalist und Berater 59
4.3 Der Gegner des Goldstandards und „A Tract On Monetary Reform" (1923) 64
4.4 Als Reaktion auf die Wiedereinführung „The Economic Consequences of Mr. Churchill" (1925) 72
4.5 Der Liebhaber der „schönen Künste" und die Ehe mit Lydia Lopokova (1925) 74
4.6 Ein kurzer Ausflug in die Politik und „The End of Laissez faire" (1926) 80
4.7 Überdenken der orthodoxen Lehre und „A Treatise on Money" (1930) . 85
4.8 Erkenntnisse der Weltwirtschaftskrise und „The General Theory" (1936) 96

5   Der zweite Weltkrieg (1939-1945) *109*
    5.1   Die Arbeit für das Schatzamt (1940-1946) 110
    5.2   Seine Beteiligung am Leih- und Pachtgesetz (1941) 113
    5.3   „A Jolly Good Fellow" und die Konferenz von Bretton Woods (1944).. 116
    5.4   Die letzten Monate (1945-1946) 120

6   *Schlußwort* *125*

Anhang I *129*

Anhang II *131*

Anhang III *133*

Anhang IV *135*

Anhang V *137*

Anhang VI *139*

Anhang VII *143*

Anhang VIII *145*

Literatur- und Quellenverzeichnis *147*

Personenverzeichnis *149*

Internet- Adressen- Verzeichnis *159*

Danksagung *161*

1 Einleitung

Ronald Reagan folgte in seiner Wirtschaftspolitik dem keynesschen Ansatz und Richard Nixon stellte die rhetorische Frage: „Sind wir nicht alle Keynesianer?"
Daß Keynes immer wieder und auch aktuell mit Schlagworten in der Wirtschaftspolitik wie: Konjunkturprogramme, Defizitfinanzierung und gezielte Zinssenkungen in Verbindung gebracht wird, ist nicht verwunderlich.
Doch wer war dieser Mann, welches Leben hatte er gelebt und vor allem: Wie ist er zu seinen Überzeugungen gekommen?
John Maynard Keynes - die Beschreibung seines Lebens und seines Werkes in Verbindung mit den Geschehnissen des 20. Jahrhunderts ist Gegenstand dieses Buches. Wie kommt es dazu, daß sich noch heute Studenten, Professoren, Politiker, Historiker und sogar Stammtisch-Unterhaltungen mit seinen Theorien beschäftigen? Hat die Geschichte ihn beeinflußt und/oder er die Geschichte?
Die Beantwortung dieser Fragen erwies sich als äußerst komplex. Nach umfassenden Recherchen wurde es schon bald offensichtlich, daß Keynes nicht nur „der mit dem deficit spending" ist.
Um von der Entwicklung seiner Persönlichkeit zu seinen Theorien und einer späteren Einflußnahme auf Politik und Volkswirtschaft zu gelangen, muß man detailliert seinen oft faszinierenden und vielfältigen Lebensweg aufzeigen.
Er war nicht nur ein herausragender Ökonom, sondern auch und oftmals zur gleichen Zeit ein hoher Regierungsmitarbeiter, Herausgeber einer akademischen Zeitung, Schriftsteller, Journalist, Geschäftsmann, Professor und Kunstmäzen, wobei sich alle diese Bereiche untereinander und gegenseitig beeinflußten.
Zusätzlich machte seine Fähigkeit, seine eigenen Überzeugungen innerhalb von Minuten zu revidieren, das Nachvollziehen seiner Entscheidungen und Theorien nicht immer leicht.
Man erkennt, daß seine Persönlichkeitsentwicklung und die Überzeugungen, die sich in seinen Werken widerspiegeln, in den ersten fünfzig Jahren seines Lebens von dem Lauf der Geschichte und von seinem sozialen Umfeld geprägt wurden, wobei ab dem Zeitpunkt der Veröffentlichung der „*General Theory*" seine Einflußnahme auf die Geschichte beständig anwuchs.
Um dies nachzuweisen muß man zunächst auf seine Kindheit und Schulzeit näher eingehen, die besonders für die Entwicklung seiner Persönlichkeit wichtig waren.

Die Zeit seiner ersten Anstellung in Verbindung mit dem ersten Weltkrieg endet in seinem Aufsehen erregenden und seine Reputation begründenden Werk „*The Economic Consequences of the Peace*".

Des weiteren folgt die Zeit der Entstehung seiner Theorien und Werke und die daraus resultierende Einflußnahme auf Politik und Wirtschaft.

Im letzten Kapitel muß man sich wieder näher mit der weltpolitischen Lage, insbesondere mit dem zweiten Weltkrieg beschäftigen. Dieser brachte eine hohe Involvierung von Maynard Keynes in die Belange seines Landes mit sich.

2 Die Jugendjahre und die Zeit in Cambridge

2.1 Die Familie Keynes

In einer Einleitung seiner nie vervollständigten Memoiren schrieb John Maynard Keynes:
„Der Stolz auf die Abstammung hat sich in großem Maß verloren, denn die rasch anschwellende Woge der Demokratie löscht täglich mehr die alten Landmarken und Traditionen aus, die einst in Ehre gehalten wurden. Manche allerdings, des bin ich gewiß, gibt es, denen die großen Namen der Vergangenheit lebendig im Gedächtnis sind, die ihren Weg durchs Leben mit einem starken Gefühl der Verpflichtung gehen, die diese Namen, die sie tragen, für sie bedeuten, und die die ihnen zugewiesene Position ausfüllen und die ihnen übertragene Arbeit verrichten im Bann des totenstarren Blicks all ihrer Vorfahren."[1]

Das Interesse und Bewußtsein seiner Vorfahren veranlaßte Maynard Keynes bereits in seiner Schulzeit, sich intensiv mit seiner Familiengeschichte zu befassen und einen Stammbaum zu entwickeln.[2]

Er konnte die Ahnen der väterlichen Seite bis in die Zeit von Wilhelm dem Eroberer zurückverfolgen. So fand er heraus, daß die Familie Land in Northamptonshire, Chambridgeshire und Devon besaß und dort mehr als fünfzehn Generationen lebte. Die Bedeutung der Familie läßt sich heute noch ermessen an den nach ihnen benannten Orten Horstead-Keynes und Milton-Keynes. Der Großvater von Maynard verdiente zuerst seinen Lebensunterhalt, wie schon sein Vater, mit der Herstellung von Qualitätsbürsten, verschrieb sich aber später der kommerziellen Züchtung von Rosen und Dahlien. Durch den strategisch klugen Kauf und Verkauf von Land konnte er im Zuge des Ausbaus der Eisenbahnlinie sein Vermögen vergrößern. Aus der Verbindung mit seiner zweiten Frau Anna stammte der Vater von Maynard Keynes.

---

[1] C. Hession, John Maynard Keynes, 1986, S. 497
[2] Vgl. R. Skidelsky, John Maynard Keynes Hopes Betrayed, 1992, S.2

Die Vorfahren der mütterlichen Linie hatten, wie im Übrigen auch die väterliche Seite, einen religiösen Hintergrund. Der Vater seiner Mutter, Reverend John Brown, war entfernt mit dem schottischen Dichter Robert Burns verwand. Florence, die Mutter von Maynard Keynes, war das älteste Kind des als stellvertretender Pastor im Meeting House in Bedford tätigen Reverend und seiner Frau Anna.[3]

Das Vereinigte Königreich hatte schon lange seine erste industrielle Revolution abgeschlossen und nahm als Wirtschaftsmacht in Europa die führende Stelle ein, als John Maynard Keynes am 5. Juni 1883 in Cambridge als erster Sohn von Florence Ada Keynes und John Neville Keynes geboren wurde. In den darauffolgenden Jahren 1885 und 1887 folgten seine Schwester Margaret, die den „fellow" vom Trinity College und späteren Nobelpreisträger Archibald Hill heiratete, und sein Bruder Geoffrey, der sich später nicht nur als Chirurg, sondern auch als Herausgeber der Werke von William Blake und Bibliograph einen Namen machen konnte. Er heiratete die Enkeltochter von Charles Darwin und wurde, wie sein Bruder, in den Adelsstand erhoben.[4]

Die Eltern der drei Kinder hatten sich in Cambridge kennengelernt. Dort hatte Neville Keynes mit einem Stipendium für Mathematik am Pembroke College studiert und wurde 1875 zum „Obersten Sittenlehrer" ernannt. Nur ein Jahr später erhielt er den Posten eines „fellows" und heiratete 1882 Florence Ada Brown, kurz nachdem das Verbot aufgehoben wurde, welches besagte, daß Universitätsdozenten nicht heiraten durften. 1891 wurde ihm von der Universität die Doktorwürde in den Naturwissenschaften verliehen, ein Jahr nach der Erstveröffentlichung seines Buches „*Scope and Method of Political Economy*". Bereits ein Jahr nach der Geburt von Maynard hatte er die „*Studies and Exercises in Formal Logic*" publiziert. Von 1910 bis 1925 bekleidete er das Amt des Kanzlers der Gesamtuniversität.

Seine Frau war eine der ersten Studienabgängerinnen des Newnham College, welches ausschließlich weiblichen Studenten vorbehalten war. Nach ihrer Eheschließung wurde sie nicht nur dadurch bekannt, daß sie im Jahre 1932 die erste weibliche Bürgermeisterin von Cambridge wurde, sondern insbesondere durch ihr soziales Engagement. So wurde in einem 1916 erschienen „Who´s Who" bemerkt, daß es kaum eine soziale Bewegung oder öffentliche Unternehmung gibt, an der sie nicht beteiligt ist oder war.[5]

---

[3] Vgl. D. Felix, Keynes A critical Life, 1999, S. 4
[4] Vgl. D. Moggridge, Maynard Keynes An Economist's Biography, 1992, S. 1
[5] Vgl. C. Hession, John Maynard Keynes, 1986, S. 21

In der Harvey Road Nr. 6[6] in Cambridge, in einem Umfeld, in dem die ökonomische Lehre, mathematische Logik und soziales Verständnis gelebt und diskutiert wurden, wurde der Grundstein für die lebenslange „Mission" von John Maynard Keynes gelegt. Er versuchte die Welt in ökonomischer, sozialer und kultureller Hinsicht zu verbessern, sowohl im Privaten als auch in der Öffentlichkeit.[7]

2.2 Die Kindheitsjahre in Cambridge (1883-1897)

Wie schon erwähnt wurde Maynard Keynes am 5. Juni 1883 geboren. Zu diesem Zeitpunkt hatte sich in England eine Art „stille Revolution" vollzogen. Das Großbürgertum und die bürgerliche Mittelschicht überschritt die unsichtbare Trennlinie zum Adel.[8] Der englische Adel hatte zu dieser Zeit noch eine wirtschaftliche Vormachtstellung inne, beruhend auf Einkünften aus Grundbesitz und dort vorhandenen Bodenschätze. Auch in politischer Hinsicht war der Adel privilegiert, die ältesten Söhne hatten teilweise einen Sitz im Unterhaus und konnten durch das Erbe des Adelstitels in das Oberhaus gelangen. Doch im Laufe der Jahre paßte sich der Adel der wirtschaftlichen und daraus resultierenden gesellschaftlichen Entwicklung an und gestand der bürgerlichen Elite ihren angestrebten Platz zu. Der neuen Klasse, die sich den alten Adelstraditionen verpflichtet sah, war es nun möglich ihre Kinder auf so genannte „public schools" wie Eton, Rugby oder Harrow zur Schule zu schicken und später auf die Universitäten Oxford oder Cambridge. Diese sahen ihre Aufgabe in der Ausbildung des „neuen Gentleman", der freigiebig, sportlich, dynamisch, unternehmend, aber nicht zu intellektuell sein sollte.[9]
Die bürgerliche Lebensart beeinflußte alle Bereiche. So wurde dem häusliche Leben im Kreise der Familie ein neuer Stellenwert eingeräumt und es wurde zum Lebensmittelpunkt. Man befaßte sich mit den Zukunftsplänen für die Kinder, besprach Erziehungsfragen und machte sich Gedanken über deren Vermögen.
Auf der einen Seite kann man im viktorianischen Zeitalter eine zunehmende Hinwendung zu Moral und Religion entdecken, die so weit ging, daß es Tabu-Wörter wie

---

[6] Anhang I, S. 129
[7] Vgl. D. Felix, Keynes A Critical Life,1999, Introduction
[8] Vgl. G. Palmade (Hrsg.), Weltgeschichte, Das bürgerliche Zeitalter, Band 27, 1987, S. 167
[9] Vgl. G. Palmade (Hrsg.), Weltgeschichte, Das bürgerliche Zeitalter, Band 27, 1987, S. 203

Bett, Bein und Frau gab. Auf der anderen Seite ersetzten Wissenschaft und Fortschritt die Religion.

Ein Chemiker der damaligen Zeit sagte:

„Die Welt hat heute keine Geheimnisse mehr. Der Rationalismus will alles aufhellen, alles verstehen ... Durch die Erkenntnis der physikalischen Gesetze hat die Wissenschaft ihr Weltbild erneuert und ein für allemal die Begriffe Wunder und Übernatur ausgemerzt."[10]

Die Regentschaft von Queen Viktoria währte bereits sechsundvierzig Jahre - sie bestieg den Thron 1837 und starb 1901 - als der Stammhalter der Familie Keynes das Licht der Welt erblickte. Aufgrund der Tagebuchaufzeichnungen seines Vaters kann man die ersten Lebensjahre von Maynard Keynes gut nachvollziehen. Dort wird er als ein altkluges, aber bezauberndes, kränkelndes aber mit einem starken Willen ausgestattetes Kind beschrieben.[11] Von Kindheit an hatte er ein besonderes Verhältnis zu seinen Eltern und nahm auch einen besonderen Platz bei diesen ein, den ihm seine Geschwister sein Leben lang nicht streitig machen konnten.[12] Trotz der vielen Verpflichtungen der Eltern, fanden diese Zeit ihren Kindern Geschichten vorzulesen, Sonntagsausflüge zu machen, gemeinsam Schmetterlinge und Briefmarken zu sammeln und gelegentlich Schach zu spielen. Zusätzlich wurde das Familienleben durch gemeinsames Theaterspielen, Picknicks und Kahnfahrten auf der Cam aufgelockert und bereichert.

Kurz nach Maynards sechstem Geburtstag mußte er aufgrund eines rheumatischen Fiebers das Bett hüten und klagte über Schmerzen in der Herzgegend. Obwohl sich sein Zustand schnell besserte, wird vermutet, daß die damalige Erkrankung und seine immer wiederkehrenden Fieberanfälle ein Grund für seinen frühen Herztod waren. Bei einer anderen Gelegenheit diagnostizierte der Hausarzt eine leichte Form von Veitstanz, aufgrund dessen die Eltern beschlossen, Maynard mehr an die frische Luft zu schicken und ihn vorerst zu Hause zu unterrichten, anstatt ihn in der Vorschule anzumelden.[13] Durch seine körperliche Verfassung benachteiligt, fand er im Alter von sieben Jahren großes Vergnügen in der lauten Rezitation von Gedichten und begleitete mit acht seine Eltern ins Theater um Hamlet zu sehen. Als er dann doch in die

---

[10] G. Palmade (Hrsg.), Weltgeschichte , Das bürgerliche Zeitalter, Band 27, 1987, S. 207

[11] Vgl. C. Hession, John Maynard Keynes, 1986, S. 24

[12] Vgl. D. Felix, Keynes A critical Life,1999, S. 20

[13] Vgl. R. Skidelsky, John Maynard Keynes Hopes Betrayed, 1992 S. 69

Vorbereitungsschule Saint Faith gehen mußte, fiel er schnell seinen Lehrern durch seine Begabung für Arithmetik und Algebra auf. Bis zum Ende des Schuljahres war er Klassenbester und wurde zusätzlich von Tutoren unterrichtet um ihn für die Aufnahmeprüfung für Eton vorzubereiten. Aufgrund dieser teilte er sich mit seinem Vater dessen Arbeitszimmer. Nachdem der Aufnahmebescheid von der „public school" eingetroffen war, bedauerte der von Stolz erfüllte Vater zutiefst, daß er nun nicht mehr das Studierzimmer mit seinem Sohn teilen werde.[14]

Wie man erkennen kann, gab es in diesem viktorianischen Haushalt eine konservative, der damaligen Zeit entsprechende Aufgabenverteilung. Neville Keynes betreute und beobachtete mit viel Hingabe und Enthusiasmus die Erziehung und Bildung der Kinder, wobei er gelegentlichen Züchtigungen nicht abgeneigt war, während Florence ein ganz besonderes Verhältnis zu ihrem Sohn hatte. Sie versorgte ihn während seiner vielen Krankheiten und war in seinen Kindheitstagen nicht nur die wichtigste Bezugsperson, sondern auch, nach seinen Worten, sein bester Freund.

2.3 Die Jahre in Eton (1897-1902)

Erst ab 1871 konnte jeder im Vereinigten Königreich die Grundschule besuchen und mußte bis zum 12. Lebensjahr keine Schulgebühren entrichten. Es gab aber noch keine gesetzliche Schulpflicht und die Grundschulen wurden hauptsächlich von karitativen Einrichtungen der verschiedenen Kirchen geführt. Der Staat entsandte lediglich Schulräte, um diese Bildungsstätten zu kontrollieren. Noch schlechter war die Situation gerade für die unterprivilegierten Gesellschaftsschichten bei den weiterführenden Schulen.

Eine der bekanntesten privaten englischen Oberschulen, obwohl mit britischem „Understatement" „public school" genannt, liegt in der Nähe von Windsor. Heinrich VI. hatte sie 1440 gegründet und nach einer Modernisierung im Jahr 1840 sah man die Hauptaufgabe darin, „neben athletischen Pastoren, hohe Beamte, Diplomaten und Spitzenanwälte auszubilden, vor allem aber einen Menschentypus zu formen, ein standardisiertes Produkt, das den Gruppensport perfekt beherrschte, von Moral durchdrungen war und die Universität besuchte."[15] Daß diese Maxime erfolgreich

---
[14] Vgl. D. Felix, Keynes A critical Life,1999, S. 21
[15] Vgl. G. Palmade (Hrsg.), Weltgeschichte: Das bürgerliche Zeitalter; 1998; S. 202

war, kann man daran feststellen, daß von fünfundvierzig Premierministern achtzehn in den wichtigen Jahren des Erwachsenwerdens dort zur Schule gingen. Trotz der Vorurteile, die man dieser Schule gegenüber haben könnte, ist doch die Schuluniform für die ausschließlich männlichen Schüler der schwarze Frack, kam es nicht auf den gesellschaftlichen Rang oder das Vermögen der Eltern an, sondern ausschließlich auf die erbrachten Leistungen. Wöchentliche Leistungskontrollen und Prüfungen am Ende jedes Halbjahres, wobei die Ergebnisse und Beurteilungen in regelmäßigen Abständen an die Haustutoren und Eltern gingen, machten den Aufenthalt für die Schüler nicht gerade angenehm.

Im Herbst 1897, aufgrund einer Erkrankung drei Tage nach Semesterbeginn, fand sich John Maynard Keynes in Eton ein. Den Stimmbruch bereits überstanden und in den letzten Monaten gewachsen, wurde er schnell zum Anführer und Sprecher seiner Klassenkameraden.

Bereits im Vorfeld hatten seine besorgten Eltern Samuel Gurney Lubbock gebeten Maynard Keynes Tutor in Eton zu werden. Aufgrund seiner Ratschläge spezialisierte er sich nicht auf Mathematik, sondern strebte eine umfassende allgemeinere Ausbildung an.[16] Obwohl er teilweise zehn Stunden am Tag mit Lernen verbrachte, fand er Zeit, seinen Vater detailliert über seinen Ausbildungsstand und den Stand seiner Rivalen in den jeweiligen Fächern zu unterrichten. Seiner Mutter schrieb er über seine psychische und physische Verfassung und manchmal auch über seine Probleme mit der Wahl des richtigen Accessoires zu seinem Frack. Schon am Ende des ersten Halbjahres war er an oberster Position der Rangliste in klassischer Philologie und Zweiter in Mathematik.

Im nächsten Semester konnte Maynard Keynes trotz einer Masernerkrankung, die ihn für kurze Zeit vom Schulbetrieb fernhielt, den Mathematikpreis für Junioren gewinnen, einer der vielen Preise durch die er sich in der Zeit in Eton auszeichnete. Seine Vielseitigkeit zeigte sich dadurch, daß er sich nicht nur in den klassischen Fächern, sondern auch in Geschichte und Englisch hervortat.

Oftmals bekam er als Preis Bücher geschenkt und durch den eigenen Kauf von Literatur legte er schon zu dieser Zeit den Grundstein für seine umfassende Bibliothek. Als er 1902 Eton verließ waren bereits 329 Bände in seinem Besitz, eine Mehrzahl davon in englischer Dichtung, die eine besondere Faszination auf ihn ausübte.

---

[16] Vgl. C. Hession, John Maynard Keynes, 1986, S. 42

Besorgt um die bevorstehenden Prüfungen wurde Maynard von seinem Vater auch in den Ferien angehalten, täglich an den Vormittagen unter seiner Anleitung für den Tomline (den höchsten Mathematikpreis in Eton) und für die Aufnahmeprüfung für das Kings College in Cambridge zu üben. Und tatsächlich konnte Maynard Keynes nicht nur diesen Preis erringen, sondern wurde auch Klassenbester in Mathematik, Geschichte und englischem Aufsatz.

Viel wichtiger für seine schulische Laufbahn war aber die Zusage eines Stipendiums für das Kings College in Mathematik und klassischer Philologie. Dem nicht genug, wurde er am Ende des Semesters in die Eton society, genannt „Pop", aufgenommen. Dieser erlauchte Kreis von Schülern in Eton besteht heute noch und es wird als besondere Auszeichnung verstanden, diesem Debattierclub angehören zu dürfen. Mitglied durften nur Schüler werden, die ein eigenes Zimmer besaßen, in den unteren Semestern schlief man noch in großen Schlafsälen, und nach außen waren die Mitglieder allgemein durch das Tragen eines Stehkragens, einer bunten Weste unter dem Frack und einer Blume am Revers zu erkennen.[17] Trotz aller Auszeichnungen und Ehrungen blieb er ein strebsamer Schüler und nahm sogar in seinem letzten Jahr an drei zusätzlichen Kursen teil und besuchte auch weiterhin den Privatunterricht.

Es gab aber auch einen privaten Maynard Keynes. Dieser machte zu seiner Zeit in Eton zum ersten Mal Bekanntschaft mit Champagner, er bereute später, nicht mehr davon in seinem Leben getrunken zu haben, und erfreute sich einer erstaunlich guten Konstitution, die ihm erlaubte an vielseitigen Schüleraktivitäten teilzunehmen.

Richtig am Herzen lag ihm aber der Debattierclub und zum Ende seiner Zeit in Eton hatte er seine Hemmungen überwunden und eine besondere Fähigkeit als öffentlicher Redner entwickelt. Auch sportlich gesehen konnte er sich in dieser Periode seines Lebens voll ausleben. Er ruderte nicht nur, sondern spielte auch die in Deutschland unbekannten und in Eton erfundenen Sportarten Wall-game und Eton-fife. Aber auch Squash und gelegentlich einer Partie Golf war er nicht abgeneigt.[18]

Auch in zwischenmenschlicher Hinsicht war Eton für ihn eine gute Zeit. Er fand dort Freunde, meist gut aussehende junge Männer, und war auch bei anderen ein angesehener Mitschüler, und dies nicht nur wegen seines Wissens, sondern auch da er sich für keinen Scherz zu schade fand. In dieser wichtigen Entwicklungsphase seines Lebens soll sich seine androgyne Natur entwickelt haben. Gerade in der englischen

---

[17] Vgl. C. Hession, John Maynard Keynes, 1986, S. 42 ff.

[18] Vgl. R. Skidelsky, John Maynard Keynes Hopes Betrayed, 1992, S. 94 ff.

Oberschicht war die Liebe zum gleichen Geschlecht stärker entwickelt als in allen anderen Ländern. Dazu trugen insbesondere das Schulsystem und die viktorianischen Moralvorstellungen bei. In der Pubertät wurden die jungen Männer mit ihresgleichen in fast ausschließlich von Männern beherrschten Institutionen zwei Drittel ihrer Zeit „eingesperrt", somit konnten selbst die Schulferien nicht genügend Zeit bieten um herauszufinden was für Wesen Mädchen sind. Zusätzlich erschwerten die Anstandsregeln der Gesellschaft den Kontakt zu weiblichen Altersgenossen. Bei dem Studium der klassischen Sprachen und der Literatur fanden die jungen Männer Textstellen, die ihre Veranlagung untermauerten, demzufolge galt die Liebe unter Männer als spirituell wertvoller als die fleischliche Begierde des Mannes nach der Frau. Zu einem ersten sexuellen Kontakt für Maynard Keynes soll es in seinem letzten Studienjahr gekommen sein. Er und sein Freund hatten beschlossen ein intellektuelles und sexuelles Experiment durchzuführen, um ergründen zu können was lebensnotwendig sei.[19] Inwieweit diese Experimente vorgedrungen sind, steht hier nicht zur Diskussion, doch wird man später noch sehen können, daß gerade diese homosexuelle Veranlagung im Handeln, Denken und Gefühlsleben von John Maynard Keynes eine große Rolle gespielt haben.

Vorerst, nach Abschluß des sechsten Schuljahres in Eton, kehrte er nach Cambridge zurück, um am Kings College zu studieren.

2.4 Die Studienjahre in Cambridge (1902-1906)

Lytton Strachey, einer der besten Freunde von Maynard Keynes und ebenfalls Mitglied des späteren Bloomsbury-Kreises, beschreibt das Flair von Cambridge folgendermaßen:

> „Der wirkliche Zauber, den Cambridge ausstrahlt, ist eher intimer Natur; es ist ein Zauber, der in den Nischen und Winkeln weilt, einem allmählich in den schmalen Gassen entgegentritt und von Jahr zu Jahr stärker wird. Der kleine Fluß mit seinen Rasenflächen und Trauerweiden, die alten Bäume in den alten Gärten, die schattigen Grasplätze für das Bowlingspiel, die verschlungenen Gäßchen mit ihren plötzlich auftauchenden Simsen und Türmchen, die niedrige schwarze Öffnung hinaus auf sonnenbeschienenes

---

[19] Vgl. C. Hession, John Maynard Keynes, 1986, S.56 ff.

Gras - in diesen und ähnlichen Dingen liegt die Faszination von Cambridge."[20]

Gemäß dem Ideal von Cambridge „Wahrheit und Offenheit", im Gegensatz zur konservativen Hochschule Oxford, lag der Hauptvorteil nicht nur in den vorhandenen Laboratorien und Lehrveranstaltungen, sondern in den offenen und intensiven Möglichkeiten zum Gedankenaustausch, die es bot. Noch heute ist es den Studenten frei, Debattierclubs und sogenannten „societies" beizutreten.

Schon im ersten Jahr gehörte Maynard Keynes vielerlei Gesellschaften an. Er wurde Mitglied der Walpole-Debattiergesellschaft, der Decemviri, bestehend aus zehn Personen von Kings und Trinity College, die Alpenninen-Gesellschaft, eine literarische und die älteste der Universität, dem liberalen Club und noch vielen weiteren. Da diese seine Zeit hauptsächlich beanspruchten, konzentrierte er sich zu Beginn nur auf das Studium der Mathematik, sehr zum Mißfallen seines Vaters.

Schnell fanden sich auch neue Freunde wie Thoby Stephen, der Bruder der später bekannten Autorin Virginia Woolf, und Vanessa Stephen, Clive Bell, der die letzt genannte heiratete, Leonard Woolf und Lytton Strachey. Dieser potentielle Anwärter auf den schottischen Thron hatte den stärksten Einfluß auf Maynard Keynes. Drei Jahre älter und ebenfalls homosexuell veranlagt, fanden sich zwei Gleichgesinnte zusammen um gegen die viktorianischen Moralvorstellungen zu revoltieren. Nachdem seine Freunde Leonard Woolf und Lytton Stracey bereits aufgenommen waren, wurde Maynard im Februar 1903 zum Apostel berufen. Es handelte sich um eine Geheimverbindung, deren Mitgliederzahl auf zwölf ausgesuchte Studenten beschränkt war und die sich Samstag Nacht zusammenfanden um Abhandlungen zu lesen und zu diskutieren. Die Apostel waren eine Bruderschaft, die durch eine absolute Aufrichtigkeit untereinander nach Wahrheit und Selbstentfaltung strebten. Werke von Tennyson, Arthur Hallam, George Edward Moore wurden genauso gelesen wie später Bertrand Russell.[21]

Unter dem Semester von vielen Aktivitäten in Anspruch genommen, nützte Maynard Keynes die Semesterferien, um sich auf das Tripos-Examen in Mathematik, politischer Ökonomie und Geschichte vorzubereiten. Er hatte sich zudem entschlossen, an der Staatsdienstprüfung für politische Ökonomie teilzunehmen.

---

[20] C. Hession, John Maynard Keynes, 1986, S.63
[21] Vgl. R. Skidelsky, John Maynard Keynes Hopes Betrayed, 1992, S. 115 ff.

Natürlich hatte er die Prüfungen mit akzeptablen Ergebnissen abgelegt und sein Vater schrieb in sein Tagebuch:

„Im großen und ganzen sind wir zufrieden. Die meisten gratulieren - einige wenige kondolieren. Am Kings College scheinen sie außerordentlich zufrieden, was Maynard angeht. Sie hatten offensichtlich Angst, er könne eine schlechte Figur machen."[22]

1904 begann Maynard Keynes sich Gedanken über seinen beruflichen Werdegang zu machen. Wie schon erwähnt interessierte er sich schon von Jugend an für Ökonomie. Durch den engen Kontakt zu seinem Vater und dessen akademischen Freunden las er schon zu seiner Eton-Zeit Hernry Sidgwicks *„Principles of Political Economy"* Korrektur, und nun in Cambridge war er so von Alfred Marshalls *„Principles of Economics"* gefesselt, daß er dessen und Alfred C. Pigous Vorlesungen besuchte.[23] Kurze Zeit später schrieb er in einem Brief an Lytton Strachey, der endlich nach sechs Jahren sein Examen gemacht hatte:

„Marshall quält mich andauernd, ich solle die Ökonomie zu meinem Beruf machen, und schreibt schmeichelhafte Bemerkungen unter meine Referate, um die Sache voranzubringen. Glaubst Du, daß es einen Sinn hätte? Ich zweifle daran. Wenn ich wollte, könnte ich hier wahrscheinlich eine Anstellung finden. Aber an diesem Ort Cambridge weiterzuleben, wäre meinem sicheren Gefühl nach mein Untergang. Die Frage ist nur, ob nicht ein Regierungsamt in London gleichfalls der Tod für mich ist. Vermutlich werde ich mich einfach treiben lassen."[24]

Und so kam es, daß er nicht nur für die Aufnahmeprüfung für den Staatsdienst Geschichte und politische Wissenschaften lernte, sondern auch an einer Abhandlung über die Wahrscheinlichkeitstheorie arbeitete, mit der er sich für ein „fellowship" am Kings College bewerben wollte.

Als im September 1906 die Prüfungsergebnisse für den Staatsdienst veröffentlicht wurden, hatte er von 104 Kandidaten als Zweiter abgeschnitten. Sein schlechtestes Prüfungsergebnis erzielte er im wirtschaftswissenschaftlichen Teil, was ihn zu dem Ausspruch hinreißen ließ, daß er sich in dieser Thematik wohl besser auskenne als

---

[22] C. Hession, John Maynard Keynes, 1986, S. 81
[23] Vgl. C. Hession, John Maynard Keynes, 1986, S. 83
[24] C. Hession, John Maynard Keynes, 1986, S. 84

seine Prüfer. Da der Posten im Schatzamt an den Besten ging, trat Maynard Keynes im Herbst 1906 seine erste Stellung im Indien-Ministerium an.[25]

2.5 Das Indien-Ministerium (1906-1908)

Maynard Keynes erste Amtshandlung war die Verschiffung von zehn Ayrshire-Bullen nach Bombay. Als er diese und andere Aufgaben zum Wohlgefallen seiner Vorgesetzten erfüllt hatte, wurde ihm der Posten eines ständigen Sekretärs angeboten, welchen er aber ablehnte, da ihm diese Stelle zeitlich nicht mehr erlaubt hätte, weiter an seiner Arbeit über die Wahrscheinlichkeit zu arbeiten.

Ein halbes Jahr später wurde er in die Abteilung für Steuerwesen, Statistik und Handel versetzt. Er beschäftigte sich mit den Verhandlungen der kommerziellen Beziehungen zu Deutschland, Konflikten mit den Russen im Persischen Golf und der Regelung des Opium-Anbaus in Indien. Obwohl ihm seine Arbeit nun zusagte, war er unzufrieden über die herrschende unflexible Bürokratie im Staatsdienst.

Zu diesem Zeitpunkt lernte er Duncan Grant kennen, einen später bedeutsamen englischen Maler der post-impressionistischen Richtung.[26] Mit diesem unternahm er viele Auslandsreisen, so zum Beispiel nach Paris oder auf die Orkney-Inseln, und obwohl oder genau weil im akademischen Grad unter Maynard Keynes stehend, vermochte dieser ihm die Augen für die Schönheit der einfachen Dinge der Natur und des Alltags zu öffnen. Im Herbst 1907 zog Maynard Keynes aus seiner Dienstwohnung am Saint James Court in London in die gemeinsame Wohnung in der Belgrave Road.[27]

Im Frühjahr 1908 legte er seine Dissertation über die Wahrscheinlichkeit dem Kings College vor, um sich damit um ein „fellowship" zu bewerben. Nach fünfzehn Abstimmungen gab das Wahlkomitee zwei anderen Kandidaten den Vorzug. Tief getroffen, da es nicht um eine weitere Auszeichnung, sondern um sein zukünftiges Leben ging, überarbeitete er seine Abhandlung. Das Komitee hatte ihm dies vorgeschlagen, im Gegensatz zu einer Neufassung. Somit verbrachte er den Rest des Jahres 1908 mit der Wahrscheinlichkeitstheorie und der Zusammenstellung des Jahresberichtes über den sittlichen und materiellen Fortschritt Indiens.

---

[25] Vgl. D. Moggridge, Maynard Keynes An Economist 's Biography, 1992, S. 107
[26] Anhang II, S. 131
[27] C. Hession, John Maynard Keynes, 1986, S. 93 ff.

Aufgrund eines glücklichen Umstandes war es Maynard Keynes dennoch möglich, zu Beginn des Jahres 1909 seine Stellung als Dozent für Allgemeine Ökonomie in Cambridge anzutreten. Alfred Marshall schied in diesem Jahr aus dem Vorlesungsbetrieb aus, ein weiterer Professor wurde an die Universität in Leeds berufen und ein anderer kündigte, da er sich außerstande sah unter dem jüngeren Alfred C. Pigou zu lehren. Somit folgte der wirtschaftswissenschaftliche Ausschuß dem Vorschlag von Marshall, den erst fünfundzwanzig Jahre alten Maynard Keynes die Lehrtätigkeit aufnehmen zu lassen. Obwohl sein Vater es als riskanten Schritt sah, den sicheren Staatsdienst zu verlassen, war sich Maynard Keynes sicher, die richtige Entscheidung getroffen zu haben.[28]

Schon ein Jahr später wurde er zum „fellow" des Kings College ernannt. Im englischen System unterscheidet man, ähnlich wie im deutschen, zwischen Lehrbeauftragtem und Professor. Sein Wunsch war es in Cambridge zu leben, um wissenschaftlich und theoretisch arbeiten zu können. Nach zwei Jahren im Indien-Ministerium hatte er die Arbeitsweise einer Regierungsbehörde kennengelernt, Einblicke in die Verhältnisse in Indien, insbesondere in die Währungspolitik, gewonnen und konnte in dieser Zeit wichtige Kontakte zu Regierungsbeamten aufbauen.[29]

2.6 Die Jahre als Universitätsdozent in Cambridge (1909-1914)

Nachdem Keynes 1908 als Dozent akzeptiert worden war und seine Arbeit über die Wahrscheinlichkeit im März 1909 anerkannt wurde, erhielt er die Stellung eines „fellows", welche er bis zu seinem Tod inne hatte.

Am 19. Januar 1909 hielt Maynard Keynes seine erste Vorlesung. Seine Themengebiete waren Geld, Kredit und Preise, wobei er hier die von Marshall mündlich überlieferte ökonomische Lehre vortragen konnte. In den Jahren vor dem ersten Weltkrieg bot er zusätzlich Vorlesungen über Kapitalgesellschaftsfinanzen, Aktienmarkt, Geldmarkt, Devisenmarkt und über die indische Währung und Finanzen an.[30] Zu dieser Zeit wurde auch sein erster größerer Artikel im *Economic Journal* mit dem Titel *„Neuere wirtschaftliche Vorgänge in Indien"* veröffentlicht. Er verwand sich in diesem Artikel für währungspolitische Maßnahmen, anstatt die Rupie den Selbstregulie-

---

[28] Vgl. R. Skidelsky, John Maynard Keynes Hopes Betrayed, 1992, S. 183 ff.
[29] Vgl. C. Hession, John Maynard Keynes, 1986, S. 103 ff.
[30] Vgl. R. Skidelsky, John Maynard Keynes Hopes Betrayed, 1992 S. 212

rungskräften des Devisenmarktes zu überlassen. Viel beschäftigt mit seiner Lehrtätigkeit und gelegentlichen Publikationen fand er dennoch wieder Zeit, an Diskussionsgruppen und Versammlungen der Apostel teilzunehmen. Er konnte auch zu seiner angeblichen Lieblingsbeschäftigung zurückkehren, der Sammlung von akademischen Preisen. So konnte er den Adam Smith Preis für seine Abhandlung über Indexzahlen gewinnen.

Nach einem Jahr der Lehrtätigkeit und zusätzlichen Privatstunden, um sein spärliches Gehalt aufzubessern, äußerte sich Maynard Keynes über seine Arbeit als Dozent folgendermaßen:

„Die härteste Arbeit der Welt ist die eines Universitätsdozenten ... Ich bin kaum etwas anderes als ein Automat für den stundenweisen Verkauf von Ökonomie. Man kann sich den erniedrigenden Charakter einer solchen Arbeit gar nicht schlimm genug vorstellen."[31]

Trotz dieser nüchternen Einschätzung seiner Situation akzeptierte er die Ernennung zum Studienleiter für die Studenten der Wirtschaftswissenschaften am Trinity College, ein Jahr später erhielt er dort auch den Lehrauftrag für das gleiche Fach und gründete einen Club für Politische Ökonomie.

Dieser Studenten vorbehaltene Club traf sich bis 1937 jeden Montagabend. Zuerst wurde ein Referat gehört und dann mußten die durch Los bestimmten Studenten sich zu diesem Thema äußern. Am Ende der jeweiligen Veranstaltungen faßte Keynes selber, in freundlicher, aber absolut vernichtender Manier die Ergebnisse zusammen. Die vielversprechendsten Studenten der einzelnen Colleges wurden von ihm selber ausgesucht und in diesen Club berufen, somit konnte er sicherstellen, daß er die Besten der Jahrgänge kennenlernte und einen persönlichen Einfluß auf diese ausüben konnte.[32]

Im Winter 1909-1910 wurde er von einer zusätzlichen Aufgabe in Anspruch genommen. Da der Haushaltsplan von Lloyd George vom House of Lords zurückgewiesen wurde, wurden allgemeine Neuwahlen für Großbritannien angesetzt. Keynes engagierte sich im Wahlkampf für die Liberale Partei, die bereits 1906 einen erdrutschartigen Sieg erzielen und somit eine groß angelegte Sozialpolitik verfolgen konnte. Auch bei den Wahlen 1910 war es der Liberalen Partei möglich über 40 Prozent der Stimmen erringen.

---

[31] Vgl. C. Hession, John Maynard Keynes, 1986, S.114
[32] Vgl. D. Felix, Biography of an Idea, 1995, S.225

Nach diesem kurzen Ausflug in die Politik nahm Maynard Keynes zum Herbstsemester wieder seine Lehrtätigkeit in Cambridge auf. Immer noch an der Abhandlung über die Wahrscheinlichkeit arbeitend und unzufrieden über sein momentanes Leben, wurde ihm der Posten des Sekretärs des Sonderausschusses für Wirtschaftswissenschaften und Politische Wissenschaften angeboten. Somit konnte er sein Aufgabenspektrum um Verwaltungsgeschäfte der Universität erweitern.

Auch im akademischen Bereich war er nicht untätig. Zusammen mit Marshall und Pigou beteiligte er sich an einer Kontroverse mit Pearson. Dieser hatte statistisch nachgewiesen, daß Alkoholiker-Eltern durch ihr Trinken keinen schlechten Einfluß auf ihre Kinder hätten. Diesem setzten die liberalen Sozialwissenschaftler entgegen, daß eine Verbesserung des Milieus sehr wohl dem sozialen Fortschritt diene und sprachen somit das Problem an, aus statistischem Material voreilige Schlüsse zu ziehen.

Zu Beginn des Jahres 1911 hielt er eine Vorlesungsreihe über das indische Finanzwesen an der London School of Economics. Über das gleiche Thema hielt er auch einen Vortrag vor der Royal Economic Society, wobei er hier für die Vorteile einer Golddevisenwährung eintrat.

Bereits 1909 hatte er Beamte aus dem Indien-Ministerium zu Gesprächen mit Alfred Marshall nach Cambridge eingeladen und stellte seinen ehemaligen Kollegen kontinuierlich umfangreiche Informationen zu diesem Thema zur Verfügung. Der von ihm verfaßte Aufsatz zu diesem Thema wurde hoch angesehen, da er es verstanden hatte, sowohl die praktische Seite durch seine Tätigkeit im Indienministerium als auch die Theorie von Seiten der Universität zu vereinigen.[33]

Im Herbst 1911 veröffentlichte er im *Economic Journal* die Buchbesprechung von *„Die Kaufkraft des Geldes"* von Irving Fisher.[34] Er äußerte sich positiv über die „außerordentliche Klarheit und Brillianz" der Darstellung und stellte fest, daß es eine bessere Darstellung der Geldtheorie bietet als sich sonst irgendwo finden läßt. Kritik übte er an Fishers Gesetzmäßigkeit, daß ein Anwachsen der Goldmenge automatisch zu einer Erhöhung der Preise führen müsse und an der Festlegung bestimmter Größen in der Quantitätsgleichung.[35]

---

[33] Vgl. C. Hession, John Maynard Keynes, 1986, S. 116 ff.
[34] Anhang III, S. 133
[35] Vgl. R. Skidelsky, John Maynard Keynes Hopes Betrayed, 1992, S. 217 ff.

Eine weitere Auszeichnung im dem Feld der Ökonomie war die Ernennung zum Herausgeber des *Economic Journal*, die einen Monat nach der Veröffentlichung seines Artikels folgte und wohl auf die Protektion von Alfred Marshall zurückzuführen war. Diese alleinige Kontrolle über das offizielle Organ der Royal Economic Society hatte er 33 Jahre inne.

Nach dem Jahreswechsel begann er sich intensiver mit den Finanzen des Kings College zu beschäftigen. Er wehrte sich gegen das Halten von großen Barbeständen und sprach sich für eine Überprüfung von vertraglichen Vereinbarungen mit den zuständigen Verwaltungen und deren Anstellungsverträgen für das Personal aus. Einer kleinen Revolution gleich kam sein Antrag auf Erhöhung der Gewinnanteile der Fellows um 10 Pfund. Zwar wurde dieser Antrag abgelehnt, aber Maynard Keynes wurde in den Verwaltungsrat des College gewählt.[36]

Immer noch mit der wiederholten Korrektur seines Werkes über die Wahrscheinlichkeit beschäftigt, richtete Maynard Keynes 1912 seine Aufmerksamkeit auf die Zusammenfassung seiner Vorlesungen und Referate über die indische Währung und Finanzen. Dies führte zu seinem ersten Buch „*Indian Currency and Finance*", welches 1913 veröffentlicht wurde.

---

[36] Vgl. C. Hession, John Maynard Keynes, 1986, S.126

3 Keynes auf dem Weg zu einer internationalen Reputation

3.1 „Indian Currency and Finance" und die königliche Kommission (1913)

Um Maynard Keynes Ansatzpunkte verstehen zu können, muß man sich kurz mit der außen- und innenpolitischen Situation der damaligen Zeit von 1837 b is 1913 in Großbritannien auseinandersetzen.

In der ersten Hälfte des viktorianischen Zeitalters war Großbritannien die dominierende Industrie-, Handels- und Finanzmacht. Die Errungenschaften der Industriellen Revolution ließen die Produktion in der Eisen- und Stahlindustrie hochschnellen und das Transportwesen wurde durch den Eisenbahnbau stark vereinfacht. England war die „Werkstatt der Welt" und konnte den Export um mehr als das Vierfache steigern.[37] Diese globale Überlegenheit führte zum Freihandel und d ie primären außenpolitischen Ziele waren die Wahrung des Friedens und der Bündnisfreiheit, um somit autonom die Wirtschaftsinteressen durchsetzen zu können. Da Interdependenzen zwischen dem Gütermarkt und Geldmarkt bestehen, ist es nicht verwunderlich, daß das Pfund Sterling zur internationalen Leitwährung wurde.[38] Zu dieser Zeit entstand in England das moderne Bankwesen und das herrschende Währungssystem war der internationale Goldstandard, mit dem ihm in der Theorie zugeschriebenen Vorteil des Goldautomatismus, der die internationalen Wechselkurse stabil halten sollte.[39]

Innenpolitisch gab es eine ausgedehnte Reform der Gesetzgebung im Arbeits- und Sozialbereich und in der Staatsverwaltung.

Gegen Mitte des viktorianischen Zeitalters konnte man nicht nur die Anfänge eines Zweiparteiensystems erkennen, Konservative und Liberale Partei, sondern es war auch erstmals die Arbeiterschaft im Parlament aufgrund der Ausdehnung des Wahlrechts vertreten.

---

[37] Vgl. K. Ploetz, Der große Ploetz, 1980, S. 800
[38] Vgl. M. North, Das Geld und seine Geschichte, 1994, S. 143
[39] Vgl. M. North, Das Geld und seine Geschichte, 1994, S. 159

In der zweiten Hälfte dieses Zeitalters wurde England gleichzeitig von innen- und außenpolitischen Krisen erschüttert. Durch die Erweiterung der Wählerschaft sahen sich beide Parteien gezwungen, ihren Machtanspruch nicht nur durch die Einbeziehung des Adels, sondern auch des Mittelstandes und der Arbeiterschaft zu legitimieren. Konservative und Liberale Partei näherten sich hinsichtlich ihrer sozialen Zusammensetzung immer mehr an. In der Folgezeit setzte sich jedoch die Liberale Partei bei der Arbeiterschaft durch, bis sie schließlich ihre eigene politische Organisation aufbaute.

Die Regierung mußte sich zusätzlich zu ihren innerparteilichen Problemen auch näher mit der Irlandproblematik, der Frauenbewegung unter Führung von Emmilie Pankhurst und immer wieder aufkommenden Streiks sowie der gegründeten Berufsgewerkschaften auseinandersetzen und verantworten. Auch die wirtschaftliche Entwicklung stagnierte und Großbritannien verlor die Weltvormachtstellung. Durch schlechte Ernten und billigere Überseeimporte fielen die Getreidepreise, die industrielle Produktion verlangsamte sich aufgrund der fehlenden Wirtschaftskonzentration und des modernen Industiemanagements. Somit kam es zu großen Einbrüchen im Außenhandel und das Vereinigte Königreich wurde schließlich von den aufstrebenden Industrienationen Amerika und Deutschland überholt. Somit entbehrte die Politik der Bündnisfreiheit der finanziellen, wirtschaftlichen und militärischen Grundlagen.[40]

Nun aber zu dem Inhalt des Buches „*Indian Currency and Finance*": Zuerst legte Maynard Keynes dar, daß die Rupie an das englische Pfund gekoppelt ist ohne aber in Gold konvertibel zu sein. Dies war für ihn eine wesentliche Eigenschaft für eine ideale Zukunftswährung. Somit stehe für ihn Indien in der Fortschrittlichkeit des Währungssystems ganz vorne. Scharfe Kritik übte er an der Tatsache, daß es in Indien keine staatliche Finanzbehörde gab, sondern die indische Verwaltung ein unabhängiges Schatzamt beibehielt. Nach seiner Meinung führte das Fehlen einer indischen Zentralbank, die „mehr oder weniger mit dem Staat verknüpft ist", zu einer Währung, der „jede Elastizität abging". Zudem vertrat er mit Nachdruck die Ansicht, daß es für eine Goldwährung nicht erforderlich sei, daß im Inland Goldmünzen im Umlauf sind.

---

[40] Vgl. K. Ploetz, Der große Ploetz, 1980, S. 801

„Die Vorliebe für eine mit Händen zu greifende Goldwährung ist ein Überbleibsel aus einer Zeit, in der die Regierungen in diesem Punkte weniger vertrauenswürdig waren als sie es heute sind."[41]

Er stellte die Art und Weise, das englische System der ersten Hälfte des neunzehnten Jahrhundert als das einzig Richtige darzustellen, in Frage. Und verfaßte somit nicht nur ein Buch über die Verhältnisse in Indien, sondern plädierte nachdrücklich durch eine Kombination von Verstand, Wissen und Gefühl für eine Erneuerung des Währungssystems, auch für Großbritannien, in Richtung einer Golddevisenwährung. Vorausschauend erklärte er in seinem Buch:

„...die Zeit ist möglicherweise nicht mehr fern, da Europa nach Vollendung seines Wechselkurssystems auf der Grundlage einer Goldwährung die Möglichkeit realisieren wird, die Regulierung seines Wertmaßstabs auf eine rationalere und stabilere Basis zu stellen. Es ist unwahrscheinlich, daß wir auf Dauer die innersten Regelmechanismen unseres Wirtschaftsorganismus dem Zufall einer glücklichen Prospektion, eines neuen chemischen Prozesses oder eines Stimmungsumschwungs in Asien überlassen werden."[42]

In diesem ersten Buch von ihm lassen sich sein lebenslanges Interesse und seine Auffassung der Volkswirtschaftslehre erkennen: eine monetäre, moderne, auf Institutionen basierende Wirtschaft, in der sich Verfahren und Ethik gegenseitig beeinflussen. So sucht man vergebens nach dem Sayschem Theorem oder den Grundlagen der Tauschhandel-Ökonomie. Er versuchte schon hier, gemäß seiner Überzeugung, die Volkswirtschaft als ein lebendes, komplexes, sich gegenseitig beeinflussendes und abhängiges Ganzes darzustellen. Gegen Ende des Buches schreibt er:

„Ich habe versucht die Tatsache herauszustellen, daß das indische System ein außerordentlich Zusammenhängendes ist. Jeder Teil des Systems paßt in einen anderen Teil. So ist es unmöglich alles auf einmal zu erkennen, und der Autor muß von Zeit zu Zeit die Komplexität und Abhängigkeiten opfern, im Interesse der Klarheit seiner Darlegungen. Aber die Komplexität und Abhängigkeiten des Systems erfordern die kontinuierliche Aufmerksamkeit von jedem, der die einzelnen Teile kritisiert. Dies ist keine Beson-

---

[41] H. Hession, John Maynard Keynes, 1986, S. 128
[42] H. Hession, John Maynard Keynes, 1986, S. 129

derheit der indischen Finanzen. Es ist die Charakteristik aller monetären Probleme."[43]

In den Osterferien des Jahres 1913, die er in Ägypten verbrachte, erreichte ihn ein Brief seines ehemaligen Vorgesetzten des Indien-Ministeriums. Er wurde gebeten, das Amt eines Schriftführers zu übernehmen, in einer königlichen Kommission, die sich mit der indischen Währung befassen sollte. Der Untersuchungsgegenstand dieser Kommission waren die heimlichen Aufkäufe von größeren Silbermengen durch die Edelmetallmaklerfirma Samuel Montagu & Co., die der Indische Staatsrat beauftragt hatte. Da die Teilhaber eben dieser Firma auch im englischen Parlament saßen, vermutete man, daß diese aus ihrem Insider-Wissen Vorteile gezogen hatten. Gleichzeitig wurden in der *Times* eine Reihe von Artikeln veröffentlicht, die der indischen Verwaltung vorwarfen, eine Goldwährung eingeführt zu haben ohne die Goldzirkulation anzuregen und zusätzlich einen Teil der Währungsreserven zurückzuhalten, um sie am Kapitalmarkt in England für sich arbeiten zu lassen. Auch hier wurde Maynard Keynes um Hilfe gebeten und noch am gleichen Tag schickte er einen Brief an die *Times*, der das Vorgehen, Goldbestände zentral zusammenzufassen und nicht zirkulieren zu lassen, verteidigte und eine Darstellung der regierungsamtlichen Politik enthielt.[44]

Da er befürchtete, daß die Schriftführertätigkeit bei der Kommission und sein bald erscheinendes Buch nicht zu vereinbaren sein könnten, schickte er einen Vorabzug an den Vorsitzenden der Kommission Austen Chamberlain, den Finanzexperten der konservativen Partei. Dieser stellte ihm frei das Buch zu publizieren und bot ihm gleichzeitig einen Sitz in der Kommission an, obwohl er zu diesem Zeitpunkt das Buch noch nicht gelesen hatte.

Maynard Keynes Hauptaufgabe lag in der Untersuchung und in Vorschlägen zur Beseitigung der Fülle von monetären Problemen, mit denen sich Indien konfrontiert sah. Die Probleme lagen insbesondere bei den Goldreserven, dem Währungssystem und Devisenmarkt, der finanziellen Verbundenheit der Bank of England und dem Indian Office und natürlich der Einführung einer indischen Zentralbank.[45]

Nach der Zeugenbefragung durch die zehn Kommissionsmitglieder wurde Maynard Keynes gebeten, einen Entwurf zur Gründung einer indischen Staatsbank vorzulegen.

---

[43] P. Mini, John Maynard Keynes, 1994, S. 50
[44] Vgl. H. Hession, John Maynard Keynes, 1986, S. 130
[45] P. Mini, John Maynard Keynes, 1994, S. 50

Obwohl er ein fünfzig Seiten langes Dokument verfaßte und versuchte, alle Aspekte der Staatsbank zu berücksichtigen, wurde dem Bericht nicht Folge geleistet. Er hatte darauf aufmerksam gemacht, daß Indien und die Vereinigten Staaten von Amerika die einzigen Staaten ohne eine staatseigene Bank waren, wobei sich der amerikanische Kongreß gerade mit der Etablierung des Zentralbanksystems beschäftigte.

Nach drei intensiven Tagen der Zeugenanhörungen und Diskussionen kurz vor Weihnachten brach Maynard Keynes zusammen mit seinem Freund Duncan Grant zum Urlaub an die Riviera auf. Dort erkrankte er an Diphtherie und konnte trotz der Pflege seiner an sein Krankenbett eilenden Mutter nicht an den Abschlußverhandlungen Mitte Januar teilnehmen.

Die Absenz in der Kommission kam „einer Katastrophe ziemlich nahe", wie sich ein Mitglied damals ausdrückte.[46] In seine Heimat zurückgekehrt erreichte er zwar, daß im Zusatz des Schlußberichtes noch weitere Empfehlungen und Korrekturen von ihm aufgenommen wurden, dennoch mußte Indien bis 1935 auf die Einrichtung einer Zentralbank warten. Der Kriegsausbruch 1914 hatte die Umsetzung des Berichtes der königlichen Kommission über Währung und Finanzen Indiens unmöglich gemacht.

3.2 Der Bloomsbury-Zirkel: Glaubensbekenntnisse und Eigenarten

In den vorangegangenen Abschnitten wurde die politische, wirtschaftliche und soziale Lage Großbritanniens näher behandelt. Um aber den Einfluß auf die Entwicklung der Persönlichkeit eines Menschen zu erfassen, muß man sich mit dem sozialen Umfeld dessen näher beschäftigen. Auf die Familie und die sogenannten „Harvey-Road-Voraussetzungen" wurde schon im ersten Teil näher eingegangen, auf seine schulische Laufbahn und die daraus resultierenden Überzeugungen und Veranlagungen ebenfalls.

Viel entscheidender für die Entwicklung von Maynard Keynes aber war die Zugehörigkeit zum Bloomsbury-Zirkel, der aus der Gruppe der Apostel in Cambridge entstanden war. Jedoch mit dem Unterschied, daß nun auch Frauen bei den Treffen zugelassen waren. Wieder waren seine schon erwähnten Freunde aus der Universitätszeit dabei. Lytton Strachey, Thoby Stephen, Clive Bell und Leonard Woolf, aber auch Duncan Grant und Virginia und Vanessa Stephen. Die Treffen der

---

[46] H. Hession, John Maynard Keynes, 1986, S. 135

Freunde am Gordon Square im Stadtteil Bloomsbury in London dienten vorwiegend dem Austausch und der Diskussion von Gedanken. In diesem liberalen, faßt schon hemmungslosen Umfeld, gemessen an den viktorianischen Moralvorstellungen, war kein Thema tabu, es wurde über Religion, Politik und Kunst genauso gesprochen wie über Sexualität und Alltagsdinge. So ko nnten sich Familienmitglieder, Freunde, Liebende und Kollegen gegenseitig mit Kritik und Unterstützung helfen, wenn sie ihre neuen Werke vorlasen oder zeigten.

Bloomsbury verkörperte mehr als nur eine Gruppe von Freunden, die sich gelegentlich traf, es war vielmehr mehr ein bohemer Lebensstil. In allem was sie dachten, taten und unterstützten, nahmen sie eine Vorreiterrolle ein und grenzten sich somit von der existierenden Gesellschaft gewollt ab. Sie versuchten bewußt ihr Umfeld zu provozieren, wobei sie auch vor ihren eigenen Mitgliedern nicht halt machten. Virginia Woolf beschrieb die Treffen der Gruppe als Löwenzwinger, man mußte jeden Moment darauf gefaßt sein, verbal angegriffen zu werden.

Die Mitglieder von Bloomsbury hatten sich, bevor es einen solchen Gedanken überhaupt gab, zu wahren Europäern entwickelt. Landesgrenzen und Sprachbarrieren waren für sie nicht ausschlaggebend. So waren sie die Ersten in England, die eine Ausstellung der französischen Post-Impressionisten Cezanne und Picasso organisierten und Deutschland wurde von ihnen geschätzt als ein Land der Philosophen, Dichter und Musiker.[47]

Der philosophische Hintergrund von Bloomsbury war hauptsächlich von G. E. Moore geprägt, der ebenfalls ein ehemaliger Apostel war. In seinem Werk *„Principia ethica"* trat er nachdrücklich gegen die viktorianische Doktrin von Skepsis und herkömmlichen Werten ein. Diese sollten ersetzt werden durch eine Kombination von „ästhetischen Werten" und persönlichen Beziehungen, welche die einzige Bedeutung in einer sonst bedeutungslosen Welt darstellen würden. Diese Philosophie gab Bloomsbury ein Gefühl der Befreiung, sie erlaubte ihnen alle traditionellen Standards nach ihren ganz persönlichen Moralvorstellungen hin zu untersuchen und für sich neu festzulegen.

Zusammen mit den „Harvey-Road-Voraussetzungen" gab dies Maynard Keynes ein unerschütterliches Selbstvertrauen und die Bereitschaft auch in anderen Bereichen die klassischen Überzeugungen in Frage zu stellen.[48]

---

[47] Vgl. P. Mini, John Maynard Keynes, 1994, S. 55
[48] Vgl. M. Blang, John Maynard Keynes, 1990, S. 4

Doch wie bei allen Gruppen entwickelte auch diese eine spezifische Eigendynamik, die ihre Mitglieder stark unter Druck setzte. Insbesondere in den kommenden Kriegsjahren sah sich Maynard Keynes damit konfrontiert, daß seine Arbeit für den Staat nicht konform ging mit der Grundhaltung seiner Freunde. Grundsätzlich waren die Bloomsbury-Mitglieder gegen jegliche kriegerische Gewalt eingestellt. Daß sie sich nicht vor den Geschehnissen des ersten Weltkrieges verschließen konnten, war ihnen bewußt. Aber sie sahen sich in ihrer anti-viktorianischen Einstellung durch den Krieg bestätigt und begrüßten die Veränderungen in der Gesellschaft, die dieser mit sich brachte. Doch genau diese Haltung machte es Maynard Keynes in Zeiten des Krieges sehr schwer. Er sah sich kontinuierlich mit dem Problem konfrontiert, zwischen seinem Pflichtbewußtsein gegenüber seinem Land und der Anerkennung von Seiten seiner Freunde wählen zu müssen.

Doch erst seine Heirat im Jahre 1925 vermochte das Verhältnis zwischen ihm und den Mitgliedern Bloomsburries nachhaltig zu beeinflussen. Nachdem er entgegen der Überzeugung der Freunde, sie wäre die falsche Frau, die russische Ballerina Lydia Lopokova heiratete, kühlten die Freundschaften merklich ab. Ein weiterer wichtiger Punkt war, daß zu dieser Zeit Maynard Keynes langsam zu einem öffentlichen und einflußreichen Mann wurde. Da Macht in den Augen der Bloomsbury-Mitglieder nach mehr Macht verlangte, begannen sie Keynes zu mißtrauen und ihm seine Stellung zu mißgönnen. Er war der einzige aus der Gruppe, der es vermochte mit seinen Werken Nachhaltiges zu erzielen. Zwar erreichten zum Beispiel Virginia Woolf und Duncan Grant einen gewissen Bekanntheitsgrad, aber im Vergleich mit T. S. Elliot und Pablo Picasso, die zur gleichen Zeit lebten, erkennt man ihre Grenzen. Trotz der reservierten Haltung nahmen sie gerne und immer wieder finanzielle Hilfe von Maynard Keynes an und ließen sich sogar von ihm protegieren.[49]

Weitere Beispiele für seine Freundschaft und soziale Verantwortung kann man in seinem Verhalten in den Weltkriegen finden. Im ersten Weltkrieg setzte er seine Beziehungen ein, um die Freilassung von Ludwig Wittgenstein aus einem Kriegsgefangenenlager zu erwirken.

Als im zweiten Weltkrieg deutsche und italienische Kollegen von Cambridge auf der Isle of Man interniert wurden, intervenierte er bei den ihm zugänglichen Autoritäten für deren Freilassung.[50]

---

[49] Vgl. D. Felix, Keynes A Critical Life, 1999, S. 125 ff.

[50] Vgl. D. Moggridge, Maynard Keynes An Economist´s Biography, 1992, S. 635 ff.

3.3 Der erste Weltkrieg (1914–1918)

Das alte Kräftegleichgewicht auf dem europäischen Kontinent, auf dem der Frieden seit 1815 bas ierte, kam durch die schnelle technologische und industrielle Entwicklung Deutschlands ins Wanken. Großbritanniens Anteil am weltweiten Produktionsvolumen fiel 1913 von dreiunddreißig auf vierzehn Prozent, Frankreich viel vom zweiten auf den vierten Platz als Industrienation und Deutschland konnte sich durch industriellen, technologischen und wissenschaftlichen Fortschritt an die Spitze setzen. Zusätzlich wurde die Balance durch den Alterungsprozeß von zwei weiteren Ländern gestört. Rußland und Österreich-Ungarn, die zusätzlich mit inneren Unruhen durch die Vielzahl der dort lebenden Nationalitäten zu kämpfen hatten und an dem alten feudalen System festhielten, konnten ihre ausgleichende Funktion nicht mehr erfüllen.

In dieser Situation konzentrierte sich Deutschland darauf, seinen Status quo an die industrielle Vormachtstellung anzupassen, während Frankreich und England den bestehenden Status beibehalten wollten. Dies führte zu einem britisch-deutschen Flotten-Wettrüsten und einem Gewirr von teilweise offenen und geheimen Bündnisverträgen zwischen den europäischen Staaten, welche die Möglichkeit, Krisen auf diplomatischen Weg zu lösen, beschränkte.

Im weltpolitischen Zusammenhang hatte sich die Politik, die den Krieg stets als letztes Mittel gesehen hatte, zum Imperialismus gesteigert, der sich nun in wirtschafts- und militärpolitischen Konflikten niederschlug. Zusätzlich stieß die nationalistische Propaganda in allen Staaten, gerade bei den mittelständischen Volksmassen, auf fruchtbaren Boden.[51]

Als schließlich am 28. Juni 1914 das österreich-ungarische Thronfolgerpaar in Sarajewo erschossen wurde, konnte keiner der europäischen Staaten mehr zurück. Nachdem Österreich-Ungarn am 24. Juli 1914 Serbien ein Ultimatum gestellt hatte beschleunigten sich die Dinge. Auf Ultimaten wurden Gegenultimaten gestellt, es gab Aufrufe zu Mobilmachung und zu Beginn des Augusts befanden sich Europa und die überseeischen Bündnispartner im Kriegszustand.

Zu dieser Zeit machte sich Maynard Keynes gerade Gedanken über die Farbe seines neuen Teppichs in Cambridge und plante einen Ausflug mit seinen Freunden nach Cornwall. Weder er noch seine Bloomsbury-Freunde waren sich über die radikalen

---

[51] Vgl. K. Ploetz, Der große Ploetz, 1980, S. 833

Veränderungen bewußt. Keynes sagte später, daß für die Gesellschaft die Politik zu dieser Zeit gerade noch ein adäquater Ersatz für das Bridge-Spiel war.
Der bevorstehende Krieg hatte nicht nur Auswirkungen auf die Gesellschaft, sondern brachte auch in anderen Bereichen grundlegende Änderung mit sich. Innerhalb weniger Tage brach der internationale Zahlungsverkehr zusammen und nur durch die vorübergehende Schließung der Börsen konnte der überhastete Verkauf von Wertpapieren und die Aufnahme von kurzfristigen Geldmitteln verhindert werden. Somit sahen sich die englischen Geldinstitute gleich mit mehreren Problemen konfrontiert. Auf der einen Seite konnten die ausländischen Debitoren ihren Zahlungsverpflichtungen nicht nachkommen - die Banken hatten aber für diese gebürgt - auf der anderen Seite waren ihnen die Wege zur Refinanzierung ihrer Geschäfte an der Börse verschlossen bzw. ihre liquiden Mittel eingefroren. Dies führte letztendlich dazu, daß die Zahlungsfähigkeit des Finanzplatzes London in Frage gestellt war.[52]
Erschwert wurde die Situation durch die angespannte Beziehung zwischen dem Schatzamt und der englischen Zentralbank bezüglich der Frage des Umfangs der Goldreserven. In dieser kritischen Lage wurde Maynard Keynes als Experte für Währungs- und Finanzfragen hinzugezogen. Entgegen der Meinung der führenden Banker sprach er sich in seinem Memorandum für eine Beibehaltung des Goldstandards aus. Trotz der Summe von 350 Millionen Pfund an Wechselverbindlichkeiten und der momentanen Liquiditätsschwierigkeiten der Banken sah er darin mehr ein Problem der richtigen Rechnungswesen konformen Verbuchung als eine ernstzunehmende finanzielle Krise. Er endete mit der Empfehlung an die Regierung, die mißliche Lage der Banken durch die Emission von Schatzwechseln und die Bereitstellung von finanziellen Mitteln zu entschärfen.
Obwohl die offiziellen Stellen seiner Einschätzung der Situation folgten, wurde seine Hoffnung vorerst nicht erfüllt, für die Dauer des Krieges einen Posten im Schatzamt angeboten zu bekommen. Aber er blieb, aufgrund seiner Kontakte, mit den verschiedenen Belangen dieser Behörde vertraut und schaffte es durch die Veröffentlichung von verschiedenen Artikeln und Memoranden bei deren Mitarbeiter nicht in Vergessenheit zu geraten.[53]
Zuerst dachte er daran seine Arbeit an der *Probability* wieder aufzunehmen oder den Rückstand seiner Aufgaben für das *Economic Journal* aufzuarbeiten. Aber der Krieg

---

[52] Vgl. D. Moggridge, Maynard Keynes An Economist`s Biography, 1992, S. 233
[53] Vgl. D. Felix, Biography of an Idea, 1995, S. 14

und was dieser mit sich brachte war für ihn so beunruhigend, daß er sich nicht auf seine Arbeiten konzentrieren konnte. Er veröffentlichte vielmehr eine ganze Reihe von verschiedenen Artikeln, die ganz direkt das Verhalten der Banken zum Zeitpunkt des Kriegsausbruchs kritisierten und er nahm auch seine Arbeit als Dozent wieder auf. Eine seiner Vorlesungen beschäftigte sich mit den volkswirtschaftlichen Problemen, die der Krieg mit sich brachte.

Daß dieser auch sein eigenes Leben berührte, sah er nicht nur darin, das er schon zu Beginn des ersten Trimesters in Cambridge einige Todesfälle seiner Studenten beklagen mußte, sondern auch sein Bruder Geoffrey, der als Militär-Arzt diente, wurde in ein Lazarett in die Nähe von Paris versetzt.[54]

3.3.1 Die Arbeit für das Schatzamt

Im Dezember besuchte Maynard Keynes seinen Bruder in Versailles und konnte dort wertvolle Informationen über das französische Finanzwesen sammeln. Er wurde nach seiner Rückkehr in sein Heimatland zum Assistenten von Sir George Paish ernannt. Kurze Zeit darauf übernahm er den Posten seines Vorgesetzten, da dieser in den Beraterstab von Lloyd George berufen wurde. Wenige Tage später sollte Lloyd George in seiner Funktion als Schatzkanzler nach Paris reisen. Maynard Keynes verfaßte umgehend ein Memorandum über die französischen Finanzen, mit denen er sich kurz zuvor vertraut gemacht hatte.[55]

Seine tatsächlichen Aufgaben bzw. Gebiete, auf die er durch seine Memoranden Einfluß hatte, erstreckten sich von der Überwachung und Beibehaltung des Wechselkurses des Pfunds, über das Gewähren von Krediten an die Alliierten bis zur Kontrolle deren ausländischer Aufwendungen und die Zuteilung von Devisenreserven und Gold für unterschiedlichen Gebrauch.

Fünf Monate später wurde Lloyd George in ein anderes Ministerium versetzt. Keynes neuer Vorgesetzter, in dem er auch einen Freund und Protegé fand, wurde Reginald McKenna. Dieser beförderte ihn zum Leiter aller externen finanziellen Angelegenheiten, dem siebzehn Mitarbeiter unterstellt waren.

Noch 1914 glaubten verschiedene Experten und die Heeresführung an einen kurzen Krieg. Großbritannien war auf einen längerfristigen in keinster Weise vorbereitet.

---

[54] Vgl. C. Hession, John Maynard Keynes, 1986, S. 173 ff.
[55] Vgl. D. Moggridge, Maynard Keynes An Economist's Biography, 1992, S. 244

Zwar gab es eine große englische Flotte, aber die Bodentruppen verfügten weder über ausreichende Munitionslager und Waffen noch über bewaffnete Fahrzeuge oder Panzer, deren Produktion zu diesem Zeitpunkt noch nicht einmal in Auftrag gegeben war. Bereits 1915 wurde es offensichtlich, daß England seine Strategie des minimalen Truppeneinsatzes nicht länger beibehalten konnte.

Als Kitchener, der damalige Secretary of State of War, zwei Millionen Soldaten anforderte, sah sich Keynes mit großen Problemen konfrontiert. Zum einen widerstrebte es ihm, in seiner und Bloomsburys pazifistischen Grundhaltung Gelder für den Krieg zu beschaffen, auf der anderen Seite, aus der Sicht als Nationalökonom, herrschte in Großbritannien Vollbeschäftigung, somit wäre der Abzug des Produktionsfaktors Arbeit ein Eingreifen des Staates in einen volkswirtschaftlich optimalen Zustand. Auch in diesem Fall kommt die Betrachtungsweise von Keynes wieder zum Ausdruck, daß man alles als ein Teil des Gesamten sehen muß und die Interdependenzen nicht unterschätzen darf. Die klassische Volkswirtschaftslehre, so wie sie Keynes kannte, konnte dieses Problem nicht lösen.

Im August kritisierte er heftig die Schätzung des Handelsministeriums, welche besagte, daß es möglich sein könnte auf 840.000 Männer als Arbeitskraft zu verzichten. Keynes argumentierte, daß der Abzug dieser einen proportional größeren Effekt auf die Produktivität haben wird, es würde aber nicht nur den Output schmälern, sondern auch die Inflation steigen lassen, solange nicht die monetäre Nachfrage in gleicher Höhe wie das gesunkene Angebot von staatlicher Seite abgezogen werden würde. Somit müßte man eine höhere Steuer in Betracht ziehen, damit die Importe nicht steigen, welches schwerwiegende Folgen auf die Beibehaltung der Konvertibilität, auf die Stabilität der Wechselkurse und vor allem auf die Möglichkeiten, an der Wall Street Kredite aufnehmen zu können, hätte. Zusätzlich wies er darauf hin, daß Großbritannien eine große Verantwortung für seine Bündnispartner trage, da diese von britischen Krediten zum Kauf von Kriegsmaterial und Lebensmitteln abhängig sind. Ein weiteres Problem sah er in der in diesen Ländern herrschenden Inflation, die sich bereits auch in England als importierte Inflation bemerkbar machte.

Somit beendet er sein Memorandum mit dem Ausblick:

„Unser Produktionsfaktor Arbeit kann nicht weiter reduziert werden, bis wir nicht zu einer drastischen Reduktion des Konsums der privaten Haushalte greifen ... Ohne einer Politik der staatlichen Konfiskation des Volkseinkommens bleibt die Aufstockung der Armee und die Weiterführung der finanziellen Unterstützung der Alliierten eine Alternative."[56]

Zwei Wochen später, als er das monatliche Haushaltsdefizit von 120 Millionen Pfund analysierte, kam er auf das gleiche Thema zurück. Seiner Meinung nach transferierte der Krieg das Einkommen von der reichen zur armen Gesellschaftsschicht, aufgrund von großzügigen „getrennt-sein-Abfindungen", Kriegsentschädigungen und Mehrarbeitaufwendungen. Demzufolge hat sich der Lebensstandard der Reichen verschlechtert, welches die Möglichkeit, den Krieg durch Anleihen zu finanzieren, fast unmöglich machte. Eine weitere Möglichkeit um das Defizit durch eine Erhöhung der Geldmenge auszugleichen war in Anbetracht der dadurch entstehenden Inflation, welche einen Run auf Gold mit sich bringen würde, ebenfalls nicht zu empfehlen. Also sollte man, bevor man jegliche Ausgaben tätigt, nicht nur überlegen, ob es notwendig ist, sondern auch ob man es sich als Staat in dieser Situation leisten kann.

Bei all diesen volkswirtschaftlichen Überlegungen hatte Maynard Keynes, der es sonst verstand, Wissen mit großem Einfühlungsvermögen zu verbinden, welches in der Literatur auf seine Homosexualität zurückgeführt wird, außer Acht gelassen, daß ein Krieg Patriotismus und ein Kriegsfieber hervorruft, welche sehr wohl die Produktivität und den Arbeitseinsatz in die Höhe schnellen lassen können. Aus dieser Tatsache kann man ableiten, daß Keynes bei seinen ökonomischen Überlegungen stark von seinen persönlichen pazifistischen Überzeugungen geleitet war, was bedeuten würde, daß er nicht versucht hatte die Kriegsmaschinerie zu forcieren, sondern vielmehr sie zu unterdrücken bzw. zu verhindern.

Bestätigung dieser Annahme findet man, wenn man die weiteren Jahre bis 1919 betrachtet. Die Frühlings- und Herbstoffensive 1915 hatte auf der Seite der Alliierten 250.000 Soldaten das Leben gekostet und der Krieg entwickelte sich zu einem festgefahrenen Stellungskrieg, bei dem es darum ging, so viele feindliche Soldaten zu beseitigen wie nur möglich, ohne auf die eigenen Verluste Rücksicht zu nehmen. Somit reichten die Freiwilligen nicht mehr aus, die Lücken in den Reihen der englischen Armee zu schließen. Es trat genau das ein, was Keynes durch seine vielen Memoranden unter anderem zu verhindern versucht hatte.

Zu Beginn des Jahres 1916 wurde vom Parlament ein Gesetz verabschiedet, welches ermöglichte, alle alleinstehenden Männer zum Militärdienst einzuziehen. Es beinhal-

---

[56] P. Mini, John Maynard Keynes, 1992, S. 54

tete aber auch Ausnahmen, so konnte man den Militärdienst verweigern oder befreit werden aufgrund einer Tätigkeit für eine staatliche Institution.[57]
Obwohl das letztere auf Maynard Keynes zutraf, stellte er dennoch einen Antrag auf Kriegsdienstverweigerung. Er begründete dies, daß er aus moralischen Gesichtspunkten sich nicht verpflichtet sah seinem Land zu dienen indem er in die Armee eintritt. Zwar wurde er vom Militärdienst freigestellt, aber es bleibt die Frage offen, warum er sich nicht auf seinen offiziellen Posten im Staatsdienst berief. Es kommen aber auch die alten Freundschaften zum tragen. Bloomsbury war der Überzeugung, daß ein britischer Mann nützlicher zu Hause als Arbeitskraft sei als an der Front. Sie reagierten auf das Einberufungs-Gesetz als würde der Staat genauso gegen sie Krieg führen wie gegen Deutschland. Ausnahmslos verweigerten alle Mitglieder den Militärdienst und klagten ihren Freund an, einen Götzendienst zu leisten, indem er dabei half Deutsche auf billige Art und Weise zu töten.[58] Bis zu seinem Ausscheiden aus dem Staatsdienst, während der Versailler Konferenz 1919, versuchte er seine Freunde davon zu überzeugen, daß sie ihm Unrecht taten.

3.3.2 Die finanziellen Probleme des Krieges

Im dritten Jahr seiner Tätigkeit für das Schatzamt hatte sich die finanzielle Situation Großbritanniens zugespitzt. Zu dieser Zeit wurde es offensichtlich, daß England und somit die Alliierten vollkommen von den Vereinigten Staaten abhängig waren, um den Krieg weiterführen zu können. Die Stabilität und Beibehaltung der Wechselkurse und die ganze Struktur der Kriegsfinanzierung der Verbündeten lastete auf Großbritannien. Es hatte die ausreichende Deckung der dazu notwendigen Ausgaben durch Kreditaufnahmen in Amerika sicherzustellen. Dies führte dazu, daß monatliche Zahlungen in Höhe von 200 Millionen Dollar nach Amerika geleistet werden mußten. Die Mittel kamen zur Hälfte aus dem Abbau der englischen Goldreserven und dem Verkauf von amerikanischen und kanadischen Wertpapieren, die sich in englischem Besitz befunden hatten. Die andere Hälfte wurde durch die Ausgabe von Schatzwechseln, Schuldverschreibungen und die weitere Aufnahme von Krediten finanziert.

---

[57] Vgl. C. Hession, John Maynard Keynes, 1986, S. 181 ff.
[58] Vgl. P. Mini, John Maynard Keynes, 1994, S. 57

Um es den Alliierten weiterhin zu ermöglichen Munition, Eisen, Öl und Weizen kaufen zu können, ermittelte Keynes eine Summe von monatlich 250 Millionen Dollar, wobei achtzig Prozent von amerikanischen Banken vorfinanziert werden müssen. Die Prägnanz dieser Situation läßt sich aus den Worten von McKenna erkennen:
> „Wenn die Dinge so wie bisher weitergehen, wage ich es mit Sicherheit zu sagen, daß bis nächsten Juni, vielleicht auch schon früher, der Präsident der Vereinigten Staaten in einer Position sein wird, die es ihm erlaubt uns seine Bedingungen zu diktieren."[59]

In der Regierung gab es zu diesem Thema unterschiedliche Meinungen. Der Premierminister Lloyd George war der Ansicht, daß ein ruhmreicher Sieg die Probleme verschwinden lassen könnte, da Geldgeber einer einträglichen Investition niemals abgeneigt wären. Andererseits wurden jetzt aber auch Stimmen laut, die eine Überdeckung des britischen Kriegszieles und unverzügliche Friedensverhandlungen in Anbetracht der finanziellen Situation forderten.

Zwar waren das amerikanische Schatzamt und Geldgeber pro den Alliierten eingestellt, aber die politischen Beziehungen waren noch nie so angespannt, wie zu dieser Zeit. Dies war darauf zurückzuführen, daß Großbritannien seine Vormachtstellung auf See dazu benutzte, amerikanische Handelsschiffe nicht nach Deutschland durchzulassen. Zudem hatte England eine Schwarze Liste für amerikanische Firmen, die mit dem deutschen Feind Handel betrieben, erstellt. Auf der anderen Seite aber waren die Alliierten und Großbritannien ein wichtiger Abnehmer für die amerikanischen Hersteller und Bauern und die Wall Street wartete nur darauf, London als das Weltfinanzzentrum abzulösen.

Im November 1916 schließlich stand England vor der größten finanziellen Krise während des ersten Weltkrieges. Das Gremium der amerikanischen Federal Reserve Bank hatte seinen Mitgliedern empfohlen, die Kreditvergabe an ausländische Schuldner zu reduzieren und weiter gab es eine Warnung an alle privaten Anleger aus, Darlehen gegen die Sicherheit von alliierten Schatzwechseln zu gewähren. Der Hintergrund dieser Maßnahmen war, die kriegsteilnehmenden Nationen zu einer Beendigung des Krieges zu zwingen. Durch die zeitweilige Zahlungsaussetzung innerhalb der Alliierten und großzügige Überziehungsrahmen, die vom Bankhaus Morgan eingeräumt wurden, war es möglich bis Mitte Dezember die Situation etwas zu entschärfen.

---

[59] Vgl. R. Skidelsky, John Maynard Keynes Hopes Betrayed, 1992, S. 334

Auch hier mußte Maynard Keynes zwei Göttern zur gleichen Zeit dienen. Auf der einen Seite war er damit von staatlicher Seite beauftragt, Großbritannien durch die finanzielle Krise zu führen, auf der anderen Seite aber hoffte er, daß der Krieg aufgrund der finanziellen Probleme so schnell wie möglich enden würde. In diesem Winter hatte er drei schwere Fieberattacken, die wohl auch auf seine gespaltene seelische Verfassung zurückzuführen waren.

Letztendlich wurde das finanzielle Problem der Alliierten von Deutschland höchst persönlich gelöst. Das Bombardieren von amerikanischen Handelsschiffen durch deutsche U-Boote ließ keinen Zweifel mehr offen, daß der Krieg nicht mehr durch Verhandlungen zu beenden war. Dies geschah zu einem Zeitpunkt, an dem es sich England nicht mehr leisten konnte die Güter aus den USA zu bezahlen. Mit der Kriegserklärung der Vereinigten Staaten an Deutschland am 6. April 1917 waren für Großbritannien die finanziellen Probleme vorerst gelöst.[60]

3.3.3 Die Frage der deutschen Reparationszahlungen

Durch den Krieg und seine Arbeit im Schatzamt hatte sich Maynard Keynes unter den offiziellen Kreisen der Regierung einen Namen machen können. Durch sein nach dem Niederlegen seinen Amtes erschienen Buches „*Die ökonomischen Konsequenzen des Krieges*", in dem er eine unversöhnliche und fast trotzige Haltung einnimmt, wurde er einer interessierten Leserschaft zugänglich und verschaffte sich somit eine weltweite Reputation.

Viel wichtiger ist aber, zunächst seine Rolle bei der Frage der deutschen Reparationszahlungen zu klären. Bereits 1916 beschäftigte sich Maynard Keynes zusammen mit dem Historiker W. J. Ashley mit der Schadenersatzfrage gegen Deutschland nach der Beendigung des Krieges. Zwei Jahre später flossen eben diese Überlegungen in ein umfassendes Memorandum, welches die Haltung der englischen Delegation in Versailles stark prägen sollte.

Zuerst stellte er detaillierte Szenarien aller Möglichkeiten der Schadensersatzforderungen für Großbritannien auf. Er sprach sich ganz klar für ein langsames „melken" von Deutschland aus, denn somit könnten die negativen Auswirkungen auf die Zahlungsbilanz und Wirtschaft des Empfängerlandes reduziert werden.

---

[60] Vgl. R. Skidelsky, John Maynard Keynes Hopes Betrayed, 1992, S. 333 ff.

Bei dieser Überlegung griff er auf die Erfahrungswerte der französisch-deutschen Zahlungen von 1871-1873 zurück. Hier flossen 200 Millionen Pfund als Schadenersatz von Frankreich nach Deutschland. Dies ermöglichte im Empfängerland die Reduzierung der Steuererhebungen, die Einführung des Goldstandards und die Verringerung der Staatsschulden. Als Deutschland 1873 von einer großen Depression getroffen wurde, machten viele Beobachter die Schadenersatzzahlungen dafür verantwortlich. Keynes war hier anderer Meinung, nicht die Zahlungen selber, sondern der Zahlungsmodus waren für ihn die Ursache. Durch die schnelle Reduzierung der Staatsverschuldung konnte Liquidität in die Hände von Spekulanten fließen, die die Gelder falsch reinvestierten. Zusätzlich verschlimmert wurde die Situation durch die ebenfalls liquide monetäre Mittel empfangenden Banken, die nun unbekümmert Kredite vergaben und damit die Geldmenge zusätzlich vergrößerten. Somit kam es zu einer Verteuerung der Waren und schließlich zur unvermeidlichen Inflation.[61]

Vor diesem Hintergrund argumentierte Keynes, daß dies alles vermieden werden kann, wenn man Reparationszahlungen auch in Waren und nicht nur in Geld akzeptiert und zusätzlich einen längeren Zahlungszeitraum in Augenschein nimmt. Für ihn in Betracht kommende deutsche Vermögenswerte waren: deutsche Kriegs- und Handelsschiffe, Eisenbahn, Fertigungsstätten für Transport und Kommunikation, deutsche Auslandssicherheiten und die Goldbestände der Reichsbank.

Zusätzlich machte er sich Gedanken über die Verteilung der Vermögenswerte innerhalb der Siegerländer. Bis die Schuld endgültig beglichen ist, sollte man die Reparationszahlungen je nach länderspezifischen Bedürfnissen zuteilen und eine Zahlungsdauer bis 1961 in Betracht ziehen.[62]

Er versuchte zwar, in seinem endgültigen Memorandum zwei Jahre später eine versöhnlichere Haltung einzunehmen, aber er machte deutlich, daß Deutschland den Krieg begonnen und verloren hatte und sich somit für die vollen Kosten des Krieges zu verantworten hatte. Letztendlich setzte Keynes eine Summe in Höhe von 24.350 Millionen Pfund fest, dem gegenüber stand die deutsche wirtschaftliche Möglichkeit, Reparationen bis zu einer Höhe von 3.000 Millionen Pfund begleichen zu können.

Zu diesem Zeitpunkt hoffte Keynes noch, daß es zu einem ausgehandelten Frieden kommen könnte. Dies machte er publik indem er unter dem Pseudonym „Politicus" Leserbriefe und Artikel veröffentlichte, in denen er einen solchen forderte. Doch die

---

[61] Vgl. P. Mini, John Maynard Keynes, 1994, S. 58 ff.
[62] Vgl. P. Mini, John Maynard Keynes, 1994, S. 62

öffentliche Meinung in den kriegsteilnehmenden Ländern verlangte nach einem Sieg durch Kapitulation und kein Entgegenkommen in welcher Art auch immer.

Am 4. Oktober 1918 bat Deutschland auf der Grundlage der vierzehn Punkte von Präsident Wilson um ein Waffenstillstandsabkommen. Diese stellten für Keynes ein weises und großmütiges Programm dar, welches sowohl die Alliierten als auch die zentralen Mächte gleichermaßen verpflichtete das Abkommen einzuhalten. Auf Antrag Großbritanniens und Frankreichs wurde eine Klausel vor der Unterzeichnung eingefügt. Da in dem Vertrag „nur" von einer Wiederherstellung der überfallenen Länder gesprochen wurde, verlangten beide eine schriftliche Definition was genau darunter zu verstehen sei. Wiederherstellung in Augen der Alliierten umfaßte den Schadenersatz für alle Schäden, die der zivilen Bevölkerung und an deren Eigentum, aufgrund von deutschen Angriffen zu Land, zu Wasser oder aus der Luft, entstanden sind. Insbesondere Großbritannien war darauf bedacht, das Wort Angriff und nicht Invasion zu gebrauchen, um somit höhere Forderungen stellen zu können.[63]

Die vierzehn Punkte und die Klausel zugrundelegend verfaßte Maynard Keynes im Oktober 1918 ein Memorandum über die Reparationszahlungen für das Schatzamt. Er legte explizit dar, daß bei der Festsetzung der zu zahlenden Summe unbedingt auf die Zahlungsmöglichkeiten von Deutschland Rücksicht genommen werden muß. Denn wenn man den Verlierer „melken" will, darf man die Wirtschaft des Landes vorher nicht ruinieren. Ließ man die Goldreserven und ausländische Sicherheiten außer Acht, so war es für Deutschland nur möglich, durch den Export von Gütern und den somit erwirtschafteten Devisen die Zahlungen zu leisten.

Ein weiteres Memorandum im gleichen Monat beschäftigte sich mit dem Umfang bzw. den berechtigten Ansprüchen aus den Reparationszahlungen. Es wurde zwischen direkten und indirekten Schäden unterschieden. Genau diese Unterteilung wird später noch große Unruhe bei den Verhandlungen stiften. Es wurde geschätzt, daß die Alliierten eine ungefähre Summe von 4.000 Millionen Pfund an direkten Reparationszahlungen einfordern konnten. „Direkt" beinhaltete die Schäden an der zivilen Bevölkerung und deren Besitztümern, entstanden durch eine feindliche Handlung. Ausgeschlossen wurden die indirekten Schäden, wie die Pensionszahlungen an gediente Soldaten oder Witwen.[64]

---

[63] Vgl. P. Mini, John Maynard Keynes, 1994, S. 62 ff.
[64] Vgl. D. Moggridge, Maynard Keynes An Economist's Biography, 1992, S.289 ff.

Das Schatzamt war nicht die einzige Institution, die sich in Großbritannien mit der Reparationsfrage beschäftigte. Außerhalb der Regierungskreise wuchs eine große Lobby aus Geschäftsleuten und R epräsentanten der Commonwealth-Länder. Diese hatte sich dazu verschrieben, die Einforderung der gesamten Kriegskosten von Deutschland durchzusetzen. Von Seiten der Wirtschaft wollte man somit die Last der durch den Krieg entstandenen nationalen Verschuldung von der englischen auf die deutsche Industrie abwälzen. Die Kolonien versuchten, da sie nur einen indirekten Anspruch auf Kriegsentschädigung hatten, zumindest einen kleinen Teil der Zahlungen zu erhalten, als Kompensation für die Opfer die sie für das Empire erbracht hatten.
Zusätzlich verschärfte sich die Situation durch die im Dezember anstehenden Parlamentswahlen. Der amtierende liberale Premierminister Lloyd George mußte, wollte er erneut in das höchste Regierungsamt gewählt werden, nicht nur der öffentlichen Meinung Rechnung tragen, sondern auch der der Konservativen Partei, deren Mitglieder vorwiegend aus der Wirtschaft kamen und ihm die Mehrheit im Parlament garantierten. Um das Ganze noch zu komplizieren brauchte er auch die Unterstützung der Führer der Kolonien, die das Imperial War Cabinet bildeten. Einer der Abgeordneten war der Australische Premierminister William Morris Hughes, der vehement vollen Schadenersatz von Deutschland forderte. Mit Hilfe der Presse hatte er es verstanden die Massen von seinem Anliegen zu überzeugen.[65] Somit sah sich Lloyd George vor das Problem gestellt, welchen Weg er bei der Forderung nach den Reparationen einschlagen sollte. Folgte er seinen regierungsamtlichen Beratern, die von der gemäßigten Haltung von Maynard Keynes beeinflußt waren, prognostizierte man ihm schlechte Aussichten auf einen Wahlerfolg. Auf der anderen Seite hatten ihn aber die Memoranden überzeugt, welch schlechten Einfluß übertrieben geforderte Zahlungen auf den britischen Export und somit auf die gesamte Wirtschaft haben konnten.
Als im November 1918 das Parlament aufgelöst worden war, beschloß das Imperial War Cabinet die Bildung eines eigenen Komitees, um zu entscheiden wieviel Deutschland zahlen konnte und sollte. Der Vorsitzende, unter dessen Namen sich dieses in Versailles einen Namen machte, war William Hughes. Im Abschlußbericht wurde die Summe der Zahlungen, ähnlich wie im Bericht des Schatzamtes, auf insgesamt 24.000 Millionen Pfund festgelegt, die Einschätzungen der deutschen Möglichkeiten wichen aber grundlegend voneinander ab. In einer populistischen Wahlkampf-

---

[65] Vgl. D. Moggridge, Maynard Keynes An Economist´s Biography, 1992, S. 296

rede berief sich Lloyd George auf diesen Expertenbericht, daß Deutschland für die gesamten Kosten aufkommen könne, und das obwohl das Kriegskabinett diesen vorher als ein „wildes und phantastisches Szenario" abgetan hatte.[66]
Dem nicht genug ernannte er, auf dem Höhepunkt des Wahlkampfes, William Hughes, Lord Cunliffe, ein ehemaliger Präsident der Bank of England und Lord Sumner, ein Richter, zu den britischen Repräsentanten bei den Verhandlungen in Versailles. Somit waren Maynard Keynes und das britische Schatzamt von den Verhandlungen in Paris, die sich mit den Reparationszahlungen im Detail beschäftigten, offiziell ausgeschlossen.[67]

3.4 Die Konferenz in Versailles (1919)

Am 10. Januar 1919 traf Maynard Keynes als Vorsitzender der Gesandtschaft des Schatzamtes der britischen Delegation in Paris ein. Seine Aufgabe war es die finanziellen Aspekte des Überganges zum Frieden von britischer Seite zu lenken und zu überwachen. Eine seiner ersten Amtshandlungen beschäftigte sich mit der Lieferung von 270.000 Tonnen Nahrungsmitteln gegen die Übergabe der Schiffe der deutschen Handelsmarine nach Deutschland. Die Verhandlungen über die notwendige Lebensmittellieferung kamen ins Stocken, da der französische Finanzminister es ablehnte, daß Deutschland die Zahlungen aus der Verwendung von Vermögenswerten leiste, die für die Reparationszahlungen gedacht waren. Erst nachdem Präsident Wilson auf die Gefahr der Entstehung von bolschewistischen Tendenzen, falls man Deutschland aushungern ließe, aufmerksam gemacht hatte, konnte man sich darauf einigen, daß einige Mittel aus den Aktiva zum Kauf von Naturalien vorgesehen wurden. Dies aber nur unter der Bedingung, daß Deutschland eine Untersuchung seiner finanziellen Situation durch ein alliiertes Expertenkomitee erlaube.
Bereits am Tag darauf fuhr Maynard Keynes zusammen mit den französischen, italienischen und amerikanischen Kollegen des Schatzamtes nach Trier. Dort trafen sie den deutschen Finanzminister Erzberger. Bei diesem Treffen, das in einem alten Zug stattfand, kamen die Finanzexperten zusammen, um über die deutschen Finanzierungsmittel für weitere Lieferungen zu beraten. Man konnte sich zwar auf die unverzügliche Lieferung von Fetten und Kondensmilch nach Deutschland gegen die Zah-

---

[66] Vgl. C. Hession, John Maynard Keynes, 1986, S. 193 ff.
[67] Vgl. R. Skidelsky, John Maynard Keynes Hopes Betrayed, 1992, S. 354 ff.

lung von vier Millionen Pfund in Gold einigen, aber ansonsten hatte man nicht viel erreicht. So forderte der französische Finanzminister weiterhin einen Großteil der Goldreserven für sein Land ein und die deutschen Schiffe verblieben in den von den Alliierten bewachten Häfen.[68]

Am Rande der Verhandlungen machte Maynard Keynes die Bekanntschaft eines Mannes, der seine Haltung gegenüber Deutschland stark prägte und über den er später sogar ein Buch veröffentlichte. Der leidende Ausdruck im Gesicht des Dr. Carl Melchior, ein jüdischer Partner des Bankhauses M. M. Warburg, soll bei ihm einen bleibenderen Eindruck als die gesamten Leiden der französischen Nation zusammen hinterlassen haben. Unterstützt durch die Abneigung gegenüber seinen französischen Kollegen, war Keynes Haltung von nun an pro Deutschland geprägt.

Aber auch in anderen Belangen hatte Maynard Keynes Probleme mit Frankreich. Nach seiner Rückkehr aus Trier und einem kurzen Erholungsaufenthalt an der Riviera teilte er dem französischen Finanzminister mit, daß Großbritannien den Franc nicht mehr länger stützen könne. Daraufhin stürzte der Kurs ins Unermeßliche und der Wechselkurs des Pfund Sterling folgte kurz darauf. Dieses Ende eines hundert Jahre andauernden festen Wechselkurses war nicht auf die Ressentiments von Keynes zurückzuführen, sondern vielmehr auf die Ankündigung des Präsidenten der Vereinigten Staaten, daß die offizielle Hilfe für England nun endlich aufgehoben wird.

Am 4. März 1919 reiste Maynard Keynes nach Spa in Belgien, um abermals an Verhandlungen teilzunehmen, die die Lebensmittellieferungen betrafen. Der Vertreter der britischen Delegation eröffnete die Verhandlungen, indem er unmißverständlich darlegte, daß es keine weiteren Nahrungsmittel für Deutschland geben werde bis grundlegende Schritte bezüglich der Flottenfrage unternommen worden waren. Deutschland setzte dem entgegen, daß erst wenn eine Versorgung der Bevölkerung bis zur nächsten Erntezeit gewährleistet ist, eine Zusage zur Übergabe getroffen werden kann. So gerieten die Verhandlungen abermals in eine Einbahnstraße, da die französische Seite von ihrem Standpunkt, obwohl für Deutschland eine Hungersnot drohte und die soziale Ordnung zusammenbrach, nicht abwich. Bei diesem Treffen konnten Keynes und Melchior zum ersten Mal unter vier Augen miteinander sprechen. Das Resultat dieser Unterhaltung, die in einer stark emotional angespannten Atmosphäre stattfand, war die Übergabe der Schiffe gegen eine bestimmte Menge

---

[68] Vgl. C. Hession, John Maynard Keynes, 1986, S. 199

von Nahrungsmitteln und Zahlungsmodalitäten, die vom Supreme War Council festgelegt wurde.[69]

Bis zu diesem Zeitpunkt hatte Maynard Keynes noch wenig mit seiner eigentlichen Aufgabe, der Ausarbeitung der finanziellen Bedingungen des Friedensvertrages, zu tun gehabt. Seit Februar 1919 befaßten sich mehrere Komitees und Unter-Komitees mit der Frage der Höhe und dem zustehenden Umfang der Reparationszahlungen. Wie schon erwähnt forderte der australische Premierminister Hughes, der die britische Seite vertrat, zusammen mit seinem französischen Amtskollegen, daß Deutschland die vollen Kosten, also sowohl die direkten und indirekten, zu tragen habe. Die gesamte Forderung würde sich somit auf 25.000 Millionen Pfund belaufen. Die Amerikaner nahmen eine moderatere Haltung ein und forderten eine Summe von 6.000 Millionen Pfund und begründeten dies damit, daß es einen Vertrag gegeben habe, der die Haftung auf diese Summe beschränkte. Da man Frankreich aufgrund der in diesem Land entstandenen Schäden den Großteil der Zahlungen versprochen hatte, wich es von der Höhe seiner Forderungen ab und weigerte sich später sogar eine konkrete Summe festzusetzen. Die Höhe der zu fordernden Zahlungen variierte zwischen 6.000 Millionen und 9.000 Millionen Pfund, aber in den Verhandlungen ging es nun primär um die Verteilung unterhalb der Alliierten. Auch über die Möglichkeit Deutschlands, für die Zahlungen aufkommen zu können, gab es unterschiedliche Auffassungen.

Zu diesem Zeitpunkt wurde Maynard Keynes wieder in die Verhandlungen einbezogen. Sein Memorandum vom 11. März 1919 besagte, daß Deutschland einen Schadenersatz leisten sollte, der die Kapazität des Landes widerspiegelte. Das momentane Problem aber sei die Festlegung einer Summe, die dieser entspreche und deshalb sollte man die definitive Festsetzung auf einen späteren Punkt der Tagesordnung verschieben. Auf eine seiner früheren Ausarbeitungen beziehend, gab er dennoch zu bedenken, daß die Forderungen eine Summe von 3.000 Millionen Pfund nicht übersteigen sollten.

Nach Wochen von diplomatischem und politischem „Eierlaufen" entschloß sich Lloyd George, die Meinung seines französischen Kollegen im Finanzministerium zu adaptieren und aus dem Friedensvertrag die Niederschrift von definitiven Summen auszuschließen. Zudem konnte er den Präsidenten der Vereinigten Staaten überreden, um somit einen größeren Teil der Gesamtsumme zu erhalten, die Schadensersatz-

---

[69] Vgl. C. Hession, John Maynard Keynes, 1986, S. 198 ff.

zahlungen für indirekten Kosten wieder aufzunehmen. Somit konnten jetzt die Zahlungen an versehrte Soldaten, Pensionen an Witwen und Waisen und Trennungsentschädigungsgelder an Angehörige der Soldaten eingefordert werden, obwohl dies von den Verfassern der vierzehn Punkte von Wilson, auf denen das Waffenstillstandsabkommen beruhte, ausgeschlossen worden war.[70]

All diese Überlegungen basierten bis 5. April auf der Limitierung der Zahlungen auf einen Zahlungszeitraum von dreißig Jahren. An diesem Tag jedoch zerschlug sich die Überlegung, daß die Aufnahme der indirekten Kosten sich nicht auf die Gesamtsumme ausschlagen würden. Mit der Zustimmung der Verhandlungspartner wurde das Zeitlimit aufgehoben, mit der Begründung, daß es Deutschland nicht möglich sei in dieser Spanne für die vollen Kosten aufzukommen.

Sich der negativen Konsequenzen, sollte man Deutschland zu hart knebeln, bewußt, konnte Lloyd George verhindern, daß Deutschland in Einzelteile aufgeteilt wurde und gleichzeitig sein Wahlversprechen einhalten. Später sollte Keynes über die damalige Situation sagen, daß die britische Delegation die am besten ausgestattete gewesen sei, aber welchen Gebrauch auch immer der Premierminister von den Beratern gemacht hat, sie hätten auch alle Idioten sein können. In der Reparationsfrage verlangte er nach Kunstgriffen und keinen Lösungen. Und er, Maynard Keynes, konnte ihm dort nicht behilflich sein. Wahrscheinlich hatte sich Keynes schon zu diesem Zeitpunkt mit dem Gedanken getragen, aus dem Staatsdienst auszuscheiden, aber er versuchte noch ein letztes Mal die Dinge in eine wohlwollendere Richtung zu lenken.[71]

Einer der Gründe, warum Großbritannien und Frankreich so bedacht darauf waren Deutschland zu „melken", waren die zu zahlenden Kriegsschulden an die Vereinigten Staaten. So lag es nahe, daß falls man die USA überzeugen könnte die Forderungen niedriger anzusetzen, der Druck aus den Reparationverhandlungen weichen würde. Bereits im November 1918 hatte Maynard Keynes auf die Vorteile eines allgemeinen Schuldenerlasses aufmerksam gemacht. Großbritannien hielt eine Großzahl von inferioren Schulden von den verbündeten Alliierten, während die Vereinigten Staaten viele superiore Schulden von Großbritannien hielt. Wenn man keine Möglichkeit der Reduzierung der englischen Verbindlichkeiten finden sollte, so sieht sich Großbritannien großem Druck von Seiten der Staaten ausgesetzt und sein ausländisches Investitionspotential würde extrem geschwächt. Der Versuch, alle Schulden des Krieges

---

[70] Vgl. R. Skidelsky, John Maynard Keynes Hopes Betrayed, 1992, S.363 ff.
[71] Vgl. R. Skidelsky, John Maynard Keynes Hopes Betrayed, 1992, S.368 ff.

einzutreiben, inklusive der Reparationszahlungen, würde das kapitalistische System vergiften, wenn nicht sogar zerstören. Da er sich bewußt war, daß ein kompletter Erlaß der Schulden nicht möglich war, machte er in einem Memorandum, welches im März 1919 unter den Delegierten zirkulierte, den Vorschlag, Schulden gegen deutsche Reparationsschuldverschreibungen zu erlassen. Seine Überlegungen besagten, daß Deutschland und dessen besiegte Verbündete aufgrund der Reparationsverbindlichkeiten Schuldverschreibungen in der Höhe von 1.345 Millionen Pfund emittieren. Diese Schuldverschreibungen, welche fünf Jahre zinsfrei gestellt wären und garantiert, durch das Ausstellerland und die alliierten Regierungen, in einem im vorhinein festgelegten Umfang, könnten als Bezahlung für untereinander entstandene Schulden verwendet werden. Insgesamt würde eine Summe von 1.000 Millionen Pfund an die europäischen Verbündeten gezahlt werden und der Rest an die zentralen Mächte. Diese Schuldverschreibungen sollten als erste Klasse Sicherheiten für Kredite dienen. Maynard Keynes versuchte in seinen Überlegungen gleich mehrere Schwierigkeiten zur gleichen Zeit zu lösen. Alle Schulden, die innerhalb der Alliierten durch den Krieg entstanden waren, würden somit reduziert werden und Deutschland könnte Mittel für die Schuldenbegleichung, ohne daß ein sofortiger Druck auf die deutsche Zahlungsbilanz entstehe, aufbringen. Somit würde die europäische Kreditwürdigkeit wiederhergestellt werden und Amerika könnte sich der Nachfrage nach seinen Exportgütern sicher sein. Zudem würden die zentralen Mächte, wie Deutschland und Österreich, Geldmittel erhalten um ihre Bevölkerung mit Nahrungsmitteln zu versorgen. Dieser Plan diente zwei Dingen zur gleichen Zeit. Einmal würden die europäischen Länder mit Zahlungsmitteln versorgt werden, die sie dringend zum Aufbau ihrer Exportindustrie benötigten und zum anderen würde die lange Sichtweise in hohem Grade den Überhang der durch den Krieg entstandenen Schulden reduzieren. Doch der Plan, der die Zustimmung von Lloyd George gewinnen konnte, wurde von den Amerikanern vehement abgelehnt. Somit zerstörte sich die letzte Hoffnung für Maynard Keynes, daß „aus dem Horror in Paris zu guter Letzt ein Plan entstehen könnte, wie man Europa wieder auf die Füße stellen könnte."

Zu Beginn des Mai 1919 hatte Maynard Keynes zum ersten Mal die Möglichkeit, einen Einblick in den vorgeschlagenen Vertrag zu gewinnen. In seinen Augen waren die Reparationsbestimmungen nicht machbar und zeigten einen hohen Grad von fehlender Weisheit in nahezu jedem Aspekt. Er erwartete bezüglich der territorialen und militärischen Klauseln einen heftigen Widerspruch Deutschlands und in den ökonomischen Kapiteln sah er eine lange Aufreihung von kleinen Nadelstichen, die unzählige kleine Zugeständnisse ohne Gegenleistung einforderten und Deutschlands Souveränität auf ein Mindestmaß beschränkten. Nach seiner Einschätzung sollte kein ehrbares Land einen solchen Vertrag unterzeichnen und sollte dies dennoch geschehen, könnte man nicht erwarten, daß dieser für lange Zeit besteht bleibt.

Die wohl ausdrucksstärksten Worte über sein Befinden und seine Einstellung, die auch in jedem Buch über ihn zitiert werden, waren die, die er an seine Mutter etwa zwei Wochen später schrieb. Er bereute es zutiefst ein Komplize für all das Übel und die Torheiten gewesen zu sein.

Am 5. Juni 1919, dreiundzwanzig Tage vor der Unterzeichnung des Versailler Vertrages, informierte er schließlich den Premierminister von Großbritannien, daß er die Szenerie des Alptraumes verlassen werde. Er könne nichts Positives mehr bewegen, da die Schlacht verloren ist.[72]

3.5 Die Abrechnung mit Paris „The Economic Consequences of the Peace"

In seinem Buch „*A Treatise on Probability*" schrieb Maynard Keynes, „daß die Wahrscheinlichkeit keine Charakteristik von Ereignissen ist. Es besteht die Gesetzmäßigkeit, daß man den Luxus, Experimente durchzuführen zur Bestimmung der Häufigkeitsverteilung, meist nicht besitzt. Die Wahrscheinlichkeit spiegelt vielmehr persönliche Veranlagungen, Logik und auch Psychologie in den Beziehungen wieder. Somit war für Maynard Keynes, was in Paris geschah, unvermeidlich, denn die Persönlichkeiten und Charaktere waren gegeben."[73]

Nach seiner Rückkehr aus Paris erholte sich Maynard Keynes von den körperlichen und geistigen Anstrengungen der Friedensverhandlungen auf dem Landsitz seiner Bloomsbury Freunde auf Charleston in der Grafschaft Sussex. Von diesen in der Ansicht bestärkt, daß die Bevölkerung ein Bedürfnis und ein Recht habe, nach der Kriegspropaganda endlich die Wahrheit zu erfahren, begann er zwanzig Tage nach der Niederlegung seines Amtes ein Buch über die Geschehnisse in Frankreich zu schreiben. Die darin enthaltene leidenschaftliche Verurteilung des Friedensvertrages ist nicht allein auf den Inhalt des Vertrages oder die Zeit in Paris zurückzuführen.

---

[72] Vgl. R. Skidelsky, John Maynard Keynes Hopes Betrayed, 1992, S. 368 ff.
[73] P. Mini, John Maynard Keynes, 1994, S.70

Schon während des Krieges war seinen Briefen zu entnehmen, daß er Lloyd George mißtraute, den Amerikanern nur Geringschätzung entgegenbrachte, Wut über das politische System verspürte und eine allgemeine Verarmung in Europa befürchtete.[74] Ein psychologischer Faktor, der eine große Rolle bei der Entstehung des Werkes gespielt hat, war die Möglichkeit sich dadurch von seiner persönlich empfundenen Schuld zu befreien, die er durch seine Hingabe an die Arbeit für das Schatzamt und das damit verbundene Negieren der „mooreschen" Moral auf sich geladen hatte.

Dieses Werk ist das erste und einzige, in dem Maynard Keynes sein Talent für die Polemik auslebte. Sein Schreibstil spiegelt den Zorn, die Verachtung und die dahinter stehende Leidenschaft wieder. Er beginnt mit der Beschreibung der Situation im Vorkriegseuropa und weist auf die schon damals bestehende Zerbrechlichkeit des ökonomischen Systems hin. Durch die Nennung einiger Unsicherheitsfaktoren, die im neunzehnten Jahrhundert bestanden, wie das Anwachsen der Bevölkerungszahlen, die Spaltung der Gesellschaft in Kapital besitzende und arbeitende Klassen und die Abhängigkeit von Lebensmittellieferungen von der Neuen Welt, belegt er seine Aussage. Insbesondere weist er auf die in seinen späteren Werken wieder aufgenommene Problematik des „Übersparens" hin. Er führte aus, daß das Prinzip der Akkumulation auf Ungleichheit basierte. So gab es eine Klasse von Rentiers, die Kapital besaßen, aber nicht darüber verfügten, eine Klasse von Unternehmern, die das Kapital investierten aber nicht ihr Eigen nennen konnten und eine Klasse von Lohnempfängern. Dies wurde vor dem Krieg als wesentlicher Bestandteil der Ordnung der Gesellschaft und des technischen Fortschritts, basierend auf der Grundlage von instabilen psychologischen Verhältnissen, verstanden. Aber der Krieg hatte gezeigt, daß es möglich war, alle Bevölkerungsklassen am Konsum teilhaben zu lassen. Versailles, das eigentlich dazu dienen sollte, die durch den Krieg entstandenen Unsicherheiten und Schäden wieder zu reparieren, hatte diese wichtige Aufgabe nicht erfüllen können.

Der Hauptteil des Buches handelt von dem Problem der Reparationszahlungen. Es ist aber mehr als eine rein technische Abrechnung mit den Verhandlungen und dem Vertrag von Paris. Neben der eindrucksvollen und scharfen Porträtierung der Hauptfriedensstifter in Versailles, schreibt er, daß Europa eine ökonomische Einheit bildet und Deutschland die zentrale Stütze des europäischen Wirtschaftssystems darstellt. Zur Veranschaulichung seiner These, daß der Wohlstand des Kontinents von dem Deutschlands abhängt, führt er zahlreiche Statistiken an. Er bezichtigt die Alli-

---

[74] Vgl. R. Skidelsky, John Maynard Keynes Hopes Betrayed, 1992, S. 353

ierten, bei der Frage der Reparationszahlungen und letztendlich bei der Stellung von utopischen ökonomischen und finanziellen Forderungen, von einem bösen Willen geleitet gewesen zu sein.[75] Hier führt er die Nichteinhaltung der vierzehn Punkte von Wilson an, die Streitfrage der indirekten und direkten Kosten und die von Deutschland zu fordernden und zu bezahlenden Summen. Er beschließt diesen Teil seines Buches mit der Feststellung, daß „weder die Religion noch die natürliche Ethik den Nationen das Recht einräumt, die Sünden ihrer Feinde an deren Kindern heimzusuchen."[76]

Im nächsten Kapitel läßt er den Leser auf das Nachkriegseuropa blicken. Er beschreibt die Desorganisation in Europa, die sich auf viele Bereiche erstreckt, und prognostiziert den Zerfall des Wirtschaftslebens, den absoluten Niedergang seiner internen Produktivität, den Zusammenbruch seiner Transport- und Währungssysteme und sein Unvermögen, Lieferungen aus Übersee zu bezahlen. Zwar äußert er sich positiv zu der Gründung des Völkerbundes und er greift auch zu seinem schon in Versailles entwickelten Konzept für den Schuldenerlaß zurück um die europäische Wirtschaft wieder zu gesunden, aber er läßt keinen Zweifel über seine Zukunftsahnungen.

„Es sei zwar noch Zeit, die Welt mit neuen Augen zu betrachten, aber die unmittelbare Zukunft Europas liegt in der Gewalt von verborgenen Strömungen, die niemand unter Kontrolle hat, aber Einfluß auf die europäische Entwicklung könne doch dadurch ausgeübt werden, daß man jene Kräfte der Aufklärung und Phantasie in Gang setzt, die einen Meinungsumschwung herbeiführen können. Die Mittel hierzu müssen sein: die Wahrheit aussprechen, die Täuschungen aufdecken, den Haß zerstreuen, Herz und Verstand der Menschen weiten ... ", er beschließt sein Buch mit den Worten: „ ... noch nie zu Lebzeiten der gegenwärtigen Generation hat das elementare Feuer der menschlichen Seele so trübe gebrannt, wie im Augenblick."[77]

Es scheint, als hätte Maynard Keynes durch die damaligen Vorkommnisse zum ersten Mal realisiert, wie weit die ökonomische Wirklichkeit von der konventionellen Theorie entfernt war. Das europäische Wirtschaftssystem, das stabil und selbstregulierend sein sollte, war unzuverlässig, provisorisch und nicht vorhersagbar.

---

[75] Vgl. C. Hession, John Maynard Keynes, 1986, S. 211 ff.
[76] C. Hession, John Maynard Keynes, 1986, S.224
[77] C. Hession, John Maynard Keynes, 1986, S.226

Die Auswirkungen des Buches waren weitreichend, da es in allen der damals an dem Krieg beteiligten Ländern veröffentlicht wurde. So fielen die Worte von John Maynard Keynes in Deutschland auf nährstoffreichen Boden und Großbritannien und Frankreich sahen sich später, gerade in den 30-er Jahren vor das Problem gestellt, daß die Bevölkerung nicht für das Budget des Verteidigungshaushaltes aufkommen wollte. 1938, im Schatten der Geschehnisse von München, soll Maynard Keynes gegenüber einem deutschen Emigranten geäußert haben, daß er sich wünsche dieses Buch niemals geschrieben zu haben.[78]

---

[78] Vgl. P. Mini, John Maynard Keynes, 1994, S.71

4 Der Werdegang als international angesehener Ökonom

4.1 Der erfolgreiche Spekulant und Aufsichtsrat (1919-1946)

Nach der Niederlegung seines Posten im Schatzamt und dem Aufarbeiten der damaligen Geschehnisse durch das Verfassen des eben behandelten Buchs, begann für Maynard Keynes eine Phase der Neuorientierung. Da er seine Lehr- und Tutortätigkeiten in Cambridge schon vor dem Krieg als Last empfunden hatte, entschloß er sich, diese Bürde auf ein Minimum zu reduzieren. Von nun an gab er nur noch einmal wöchentlich eine Vorlesung, in der er vorerst nur die ökonomischen Aspekte des Friedensvertrages behandelte.

Dem Kings College blieb er als zweiter Schatzmeister erhalten und später wurde es unter seiner Leitung zu einem der vermögendsten in Cambridge. Die Aufgaben bezüglich der Universität und der von ihm initiierten Clubs und Versammlungen nahm er auch weiterhin ernsthaft war.

Durch die Veröffentlichung seines Buches über die Geschehnisse bei der Pariser Konferenz konnte er Bezüge von 3.000 Pfund für die englische Version und 6.000 Pfund für die amerikanische Version verbuchen.[79]

Neben seinen vielseitigen Aktivitäten beanspruchte ein weiteres Werk 1920 s eine Aufmerksamkeit. Die Abhandlung „*Über die Wahrscheinlichkeit*", an der er seit 1914 nicht mehr gearbeitet hatte, sollte nun endlich veröffentlicht werden. Dieses, sein erklärt einziges philosophisches, Buch wurde im August 1921 publiziert. Es erreichte weder die Auflagenstärke noch die Resonanz seines Vorgängers und wird auch im Zusammenhang mit den später entwickelten Theorien nicht weiter hervorgehoben.

Nach seinen Tätigkeiten als Universitätsdozent, Berater im Staatsdienst, Schriftsteller und Chefredakteur, startete er ab 1919 eine fünfte Karriere. Aus der Aufteilung seines Einkommens kann man genau erkennen, welche Prioritäten er in den 20-er Jahren gesetzt hatte. Sein durchschnittliches Einkommen in den Jahren 1919-1929 belief sich auf brutto 5.068 Pfund. Würde man sein Gehalt auf einen Wert von 1992 umrechnen, so ermittelt man einen Wert von 110.000 Pfund. Ein großer Teil seiner Einkünfte,

---

[79] R. Skidelsky, John Maynard Keynes Hopes Betrayed, 1992, S. 394

genauer ein Drittel, resultierte aus der Publikation von Artikeln und Büchern. Zwischen 1920 und 1923 machte diese Tätigkeit 80 Prozent, in den späten 20-er Jahren nur noch 20 Prozent seines Salärs aus. Dafür erhöhte sich im gleichen Zeitraum der Anteil des Einkommens aufgrund von Spekulationen, Vorstandstätigkeit und Unternehmensberatung von 21 auf 70 Prozent.[80]

Ein wichtiger Partner von Maynard Keynes im Spiel mit der Finanzwelt war Oswald Toynbee Falk. Die Freundschaft der beiden Männer verhalf Oswald Falk 1917 zu einem Posten im Schatzamt und nach dem Krieg protegierte er Maynard Keynes in der Londoner City. Unter der Führung von Falk lernte Keynes den Finanzmarkt „zu spielen", wie ein Virtuose seine Violine spielen würde. Aber auch privat teilten sich die Beiden gemeinsame Interessen und Einstellungen. Das Golfspiel, die Begeisterung für Malerei und die Liebe zum Ballett nahmen im Leben der beiden Männer einen hohen Stellenwert ein. Viel wichtiger aber war die gemeinsame Abneigung gegen „Dummheit" in führenden Positionen. Als später der Goldstandard von Montagu Norman, einem Freund von Falk, eingeführt wurde, sprach dieser kein Wort mehr mit ihm.

Schon zuvor hatten beide in dem Vertrag von Versailles eine Profit versprechende Quelle gesehen. Noch in Frankreich beratschlagten sie, wie aus der Unsicherheit bezüglich der Zukunft der Währungen Gewinne zu erzielen wären. Maynard Keynes begann, noch während er sein Buch über die Konferenz schrieb, mit der neuen, für ihn amüsanten und herausfordernden Beschäftigung.

Nach dem Krieg sind die festen Wechselkurse aufgehoben worden und somit bestand nun ein System der floatenden Währungen. Seine Strategie war, bei Franc, Gulden, Lira und Reichsmark auf fallende Kurse und bei Dollar, Kronen und Rupie auf steigende Kurse zu spekulieren. Vorerst waren auch seine Anstrengungen von Erfolg gekrönt. Bis Mitte 1920 aber hatte er 22.000 Pfund verloren. Diese für ihn finanziell schmerzliche, insbesondere da er vorwiegend mit geliehenen, aber auch mit Geldern von Familienmitgliedern und Freunden spekuliert hatte, Erfahrung wird in seine späteren Arbeiten eingehen. Langfristig gesehen hatte er die Entwicklung richtig eingeschätzt, aber kurzfristig konnte er die Durststrecke nur sehr schwer überbrücken. Bis 1922 war es ihm möglich, alle seine Schulden zu begleichen und zusätzlich ein Netto-Guthaben von 21.000 Pfund zu Spekulationszwecken zu kumulieren.[81]

---

[80] R. Skidelsky, John Maynard Keynes The Economist as Saviour, 1994, S.24 ff.

[81] Vgl. D. E. Moggridge, Maynard Keynes An Economist´s Biography, 1992, S. 348 ff.

Ab 1921 hatte er begonnen, sein Portfolio breiter zu streuen. Er begann mit Baumwolle, Blei, Zinn, Kupfer, Gummi und anderen Rohstoffen zu handeln. Er trat verschiedenen Wertpapierkonsortien bei und gründete auch eine Investmentgesellschaft. Auf eine alte Passion, die er schon in Kindheitstagen entwickelt hatte, zurückfallend, traf er manche seiner finanziellen Entscheidungen morgens noch im Bett liegend.[82]
Bis 1924 konnte er seine Netto-Aktiva auf einen Wert von 40.000 Pfund steigern und auch über die nächsten drei Jahre in dieser Größenordnung halten. Zwar wurde auch er 1929 von der Weltwirtschaftskrise getroffen, aber durch den frühzeitigen Verkauf von Aktien konnte er den Verlust in den von ihm gehaltenen Rohstoffwerten reduzieren.
Mit einem unerschütterlichen Vertrauen und neu gewonnenen Erkenntnissen begann er zu Beginn der 30-er Jahre mit einem Kapital von 7.815 Pfund. Da er in den Vereinigten Staaten, durch die dort herrschende hohe Produktivität und niedrigen Aktienkursen, ein großes Potential sah, investierte er vorwiegend auf dem amerikanischen Finanzmarkt. Bis 1936 konnte er seine Vermögenswerte alleine durch seine spekulative Tätigkeit auf unglaubliche 506.522 Pfund steigern. Wiederum verlor er in der Rezession in den Jahren 1937-1938 einen großen Teil seines Vermögens, aber er konnte sich schnell wieder erholen. Als er schließlich 1947 verstarb, konnte er ein Vermögen von 20 Millionen US-Dollar sein Eigen nennen. Kein anderer Volkswirt vermochte, nach Maynard Keynes, die ökonomischen Theorien so gewinnbringend umzusetzen.[83]
Die Entstehung der Theorie der Liquiditätspräferenz wird der Art und Weise, wie Maynard Keynes und Oswald Falk im Finanzmarkt agierten, zugeschrieben. Schon frühzeitig konnte man einerseits erkennen, daß die Spekulationen Keynes Theorien beeinflußten und verbesserten, und andererseits seine ökonomischen Kenntnisse seine Investitionen zum Erfolg führten.
Im September 1920 wurde Maynard Keynes in den Aufsichtsrat der National Mutual Life Insurance Company berufen. Mittels seines Wissens, welches er sich durch seine eigenen Spekulationen in der Vergangenheit aneignen konnte, erklärte er bereits am ersten Tag seiner Tätigkeit, wie diese Firma auf dem Finanzmarkt zu agieren habe. Er regte eine aktive Investitionspolitik an. Diese kombinierte die Investition in Vermögenswerte mit einem kontinuierlichen Wechsel von kurz- und langfristigen Effekten,

---

[82] Vgl. C. Hession, John Maynard Keynes, 1986, S. 247
[83] Vgl. D. Felix, Biography of an Idea, 1995, S. 45ff.

je nach Vorhersagen bezüglich der Zinsentwicklung. Aber zu seinem Leidwesen stellte sich der Aufsichtsrat als äußerst unflexibel heraus. So beklagte er sich, daß bis zu dem Zeitpunkt, da er seine Kollegen überzeugen konnte Aktien zu kaufen, es schon wieder Zeit war diese abzustoßen.[84]

In dieser ersten Phase seiner Karriere auf der Bühne des Finanzmarktes folgte er, wie er es nannte, einer Theorie der Kredit-Zyklen. Diese Politik verlangte Vertrauen in die eigene Fähigkeit die nähere Zukunft voraussagen zu können. Durch die Vorkommnisse in den 20-er Jahren wurde er belehrt, daß die Entscheidung, zur richtigen Zeit zu kaufen oder zu verkaufen, übernatürliche Kräfte und abnormale Voraussicht erfordert. Er kam zu der Erkenntnis, daß es besser sei eine kleine Gruppe von sorgfältig ausgewählten Wertpapieren zu halten. Die zugrunde liegende Idee war, diese über einen längeren Zeitraum zu halten, bis sie ihr Versprechen gehalten haben, oder gezeigt haben, daß die Entscheidung falsch war. Durch die Erfahrungen, die Maynard Keynes über Jahre hinweg sammeln konnte, erkannte er, daß die Regelmäßigkeit, die das Wort Zyklus suggeriert, durch Politik, internationale diplomatische Ereignisse, ökonomische und politische Veränderungen in anderen Ländern und durch die Leidenschaft und Irrationalität der Investoren ad absurdum geführt wird. Die Wahl der Investitionspolitik hängt viel mehr von dem persönlichen Temperament des Anlegers ab, als daß sie auf logische Determinanten zurückzuführen wäre. Den Versuch den Markt zu beherrschen und aus kurzfristigen Transaktionen Gewinn zu erwirtschaften, bezeichnete Maynard Keynes als „anti- sozial". Die Liquiditätspräferenz zerstöre das System, da sie die Fehlerquote erhöht. Der ihr zugrundeliegende Pessimismus läßt die Preise weiter fallen, als es die Situation rechtfertigt. Für ihn zeigt sich darin, wie naiv die Einschätzung ist, daß das System der Spekulationen stabil ist.

Auch hier tritt wieder die zerrissene Persönlichkeit von Maynard Keynes an das Tageslicht. Auf der einen Seite der Mann, der es verstand durch den Einsatz seines Wissens zu Reichtum zu gelangen und auf der anderen Seite der Philosoph nach Moore, der die Frage aufstellt, ob Spekulationen moralisch gegenüber der Gesellschaft zu vertreten sind. In einem Artikel, den er 1930 verfaßte, verlieh er seiner Hoffnung Ausdruck, daß in noch nicht einmal einhundert Jahren die fortschrittliche westliche Welt im Zuge der natürlichen Evolution verstanden hat, daß die Bindung zu Geld als ein Besitztum abscheulich ist und dieses als eine Ekel erregende Krankhaftigkeit zu verstehen ist.

---

[84] Vgl. R. Skidelsky, John Maynard Keynes The Economist as Saviour, 1994, S. 26

Befaßt man sich mit dem Leben von Maynard Keynes näher, so findet man immer wieder Textstellen, die auf eine antisemitische Haltung von ihm verweisen. Dies obwohl einer der Menschen, die ihn am nachhaltigsten beeindruckt haben, der jüdische Bankier Dr. Carl Melchior war und sich Keynes sein Leben lang für die Liberale Partei engagiert hatte. Sieht man seine Äußerungen im Zusammenhang mit Spekulationen und dem „Machen von Geld", so ist es richtig, daß für Maynard Keynes „der Jude" den Prototyp eines unmoralischen Kapitalisten par excellence verkörperte.

Für Maynard Keynes gab es weitaus konstruktivere und sozial verträglichere Beschäftigungen als die Spekulation. Eine davon war der Erwerb und die Bewirtschaftung einer Farm. Dies würde es erlauben vielseitige geschäftliche Fähigkeiten zu entwickeln und Körper und Geist gleichermaßen zu Gute kommen. Da das Geschäft mit Spekulationen die schlechtesten Instinkte des Menschen zu Tage bringen würde, sah er in dem Züchten von Schafen nicht nur eine der Gesellschaft zuträgliche Beschäftigung, sondern auch eine äußerst noble.[85]

Dies führt zu einer weiteren grundlegenden Veränderung im Leben von Maynard Keynes. 1925 heiratete er nicht nur, sondern er mietete auch ein Landgut namens Tilton, welches er auch bewirtschaftete.

4.2 Der ökonomische Experte als Journalist und Berater

Die Tätigkeit als Autor von Büchern und Zeitungsartikeln war, wie schon erwähnt, für Maynard Keynes eine wichtige Einkommensquelle. Zusätzlich benutzte er diese Plattform um seine Ideen und Überzeugungen einer breiten Masse zugänglich zu machen. Die Sprunghaftigkeit der öffentlichen Meinung und das Fehlen einer rudimentären politischen Bildung, die ihr Gegenstück in einem nicht vorhandenen ökonomischen Verständnis fand, stellte in seinen Augen eine Instabilität sowohl für die Wirtschaft als auch für die Politik dar.

Da sich die Zentralbank, der Finanzplatz London und die akademischen Ökonomen gegenüber neuen Ideen verschlossen, versuchte Maynard Keynes durch seine Artikel und Bücher diesem Manko Abhilfe zu schaffen. Er hoffte, somit die öffentliche Meinung aufzurütteln um somit die Akzeptanz für neue Ansätze zu fördern.[86] Aus diesem

---

[85] Vgl. P. Mini, John Maynard Keynes, 1994, 89 ff.
[86] Vgl. P. Mini, John Maynard Keynes, 1994, S. 74 ff.

Grund ist es wichtig, näher auf seine Arbeit für verschiedene Zeitungen und offiziellen Gremien in In- und Ausland einzugehen.

In den Jahren 1919 bis 1925 wurden seine Artikel von zwei großen Themengebieten beherrscht. Er befaßte sich überwiegend mit dem Streit um den Friedensvertrag und die Reparationszahlungen und den aktuellen wirtschaftlichen Problemen in Europa nach dem Krieg.

Als im Januar 1921 eine weitere Konferenz in Paris einberufen wurde, die sich mit der Festsetzung der Höhe der Reparationszahlungen beschäftigen sollte, wurde Maynard Keynes vom Herausgeber des *Manchester Guardian* gebeten vor Ort über diese zu berichten. Keynes ließ seine Leser wortgewandt wissen, daß wieder eine weit höhere Summe von Deutschland gefordert wurde, als von ihm als realistisch eingeschätzt. Seine Hoffnung, der Lösung der europäischen Probleme ein paar Schritte näher zu kommen, wurde wiederum enttäuscht.

Es folgten weitere Beiträge für den *Manchester Guardian* und die *Times*. In nahe zu jedem Artikel vertrat er den gleichen Standpunkt. Großbritannien sollte zugunsten von Frankreich auf seine Reparationsforderungen verzichten. Deutschland könne die von den Alliierten geforderten Entschädigungszahlungen nicht leisten, da sie außerhalb der deutschen Möglichkeiten lagen. In Anbetracht dessen müsse Frankreich aufhören mit der Besetzung des Ruhrgebietes zu drohen. Weiter gab er zu Bedenken, daß Deutschland die geforderten Zahlungen nur durch steigende Erlöse des Außenhandels aufbringen kann. Deutschland würde somit zu einem ungewollten Konkurrenten auf dem Weltmarkt werden.

Eine Bestätigung für seine richtige Einschätzung der Situation konnte er im Mai 1920 der englischen, amerikanischen und auch deutschen Leserschaft mitteilen. Die Reparationskommission kam zu dem Entschluß, Deutschlands Gesamtverpflichtung auf 6.850 Milliarden Pfund festzusetzen. Dies entsprach der von ihm anvisierten Größenordnung. Die deutsche Regierung mußte nur noch, innerhalb von einer Woche, zustimmen. In einem weiteren Artikel, der ebenfalls in Deutschland erschien, drängte er den Kriegsverlierer, das am 5. Mai 1921 von den Alliierten gestellte Ultimatum zu akzeptieren. Ob letztendlich die Zustimmung auf die Intervention von Maynard Keynes zurückzuführen ist oder nicht, kann nicht mit Bestimmtheit gesagt werden. Sicher ist aber, daß er durch seine Artikel einen wesentlichen Einfluß auf die internationalen Finanzangelegenheiten ausübte.[87]

---

[87] C. Hession, John Maynard Keynes, 1986, S. 256 ff.

Nach ausführlichen Recherchen in Deutschland und sehr besorgt über die dort gewonnenen Erkenntnisse traf Keynes die Vorhersage, daß es Deutschland schon 1922 nicht mehr möglich sein wird seinen Verbindlichkeiten nachzukommen. Diese im August 1921 veröffentlichte Artikelserie beeinflußte die französische Politik gegenüber den Deutschen und Alliierten gleichermaßen. Immer wieder betonte Maynard Keynes, daß es für das Wohl von Europa notwendig ist, endlich die Schuldenfrage innerhalb der Alliierten zu lösen und vor allem bei den Forderungen gegen Deutschland die lang und breit diskutierten indirekten Schulden zu erlassen. Von seinem Verleger angeregt verfaßte er, in einem Gewaltakt von sechs Monaten, *„A Revision of the Treaty"*. In diesem Buch schildert er die Vorgänge seit der Verhandlung in Paris und wiederholt die in seinen Artikeln veröffentlichte Einschätzung der Situation. Zwar wurde dieses Buch in der Fachwelt mit Aufmerksamkeit registriert, aber da es, im Gegensatz zu *„The Economic Consequences of the Peace"*, in einem volkswirtschaftlichen Fachjargon verfaßt war und es den verbalen Seitenhieben auf politische Persönlichkeiten ermangelte, fand es nicht die Anerkennung der breiten Masse.[88]

Dem zweiten großen Themenblock zuwendend, verfaßte er 1921 eine Artikelserie ebenfalls im Auftrag des *Manchester Guardien*. Er sollte der Leserschaft einen umfassenden Überblick über die finanziellen und ökonomischen Probleme im Nachkriegseuropa vermitteln. In der Reihe über den Wiederaufbau in Europa benutzte er die Worte:

„... dieweil die Religion tot und die Philosophie verdorrt ist, das Volk zu den Wunderheilern rennt. ... Der Kapitalismus hat sein Selbstvertrauen verloren ... In jüngerer Zeit hat es kein Völker oder Klassen verbindendes Ziel mehr gegeben, außer dem Krieg."[89]

Hier läßt sich wiederum seine Prägung durch Bloomsbury erkennen. Die Lösung der ökonomischen und politischen Probleme sah er in der Lehre des Pazifismus und der von Malthus, die den sozialen Fortschritt durch Bevölkerungs- und Geburtenkontrolle sichern sollte. Das Letztere bestätigt er mit den Worten:

„Tatsächlich wird die Bevölkerungsentwicklung nicht nur ein Problem der Volkswirtschaftler bleiben, sondern in naher Zukunft zur gewaltigsten aller politischen Fragen werden. Diese Frage wird einige der tiefsten menschlichen Instinkte und Empfindungen aufrühren, und es mag sein, daß dann die

---

[88] Vgl. D. Felix, Biography of an Idea, 1995, S. 49
[89] C. Hession, John Maynard Keynes, 1986, S. 269

Ansichten genauso heftig aufeinanderprallen werden wie in früheren Religionskämpfen."[90]

Mit diesen Ansichten im Gepäck reiste er im April 1922 nach Genua um dort als Korrespondent des *Manchester Guardian* über die dortigen Geschehnisse bei der Wirtschaftskonferenz zu berichten. Obwohl auf Anraten von Frankreich das Themengebiet der Reparationen aus der Tagesordnung gestrichen worden war und Amerika seine Teilnahme zurückgezogen hatte, sah Maynard Keynes in der dort anwesenden mächtigen Finanzkommission eine Möglichkeit seine Vorstellungen einbringen zu können. Bereits im Vorfeld hatte er einen Artikel über die Stabilisierung der Wechselkurse veröffentlicht, der nun auch bei den Konferenzteilnehmern zirkulierte. Darin hatte er sich für den Vorschlag ausgesprochen, daß sowohl die neutralen als auch die Siegerländer umgehend ihre Währungen wieder an den Wert ihrer Goldreserven anpassen sollten, um somit eine Konvertierbarkeit gewährleisten zu können, dies allerdings unter dem Vorbehalt einer sehr vorsichtigen Bewertung der Reserven. Um den Stabilisierungsprozeß zu vereinfachen sollten die europäischen Staatsbanken die Preise für den An- und Verkauf von Gold um fünf Prozent floaten lassen, eine fünfjährige Einlösegarantie von Zahlungsmittel in Gold aussprechen und die Möglichkeit besitzen, sich bei der Federal Reserve Bank kurzfristig Gold zu leihen.

In einem weiteren Artikel über den „*Terminmarkt im Devisenhandel*" sprach er sich zusätzlich dafür aus, daß die Staatsbanken am Devisenmarkt beteiligt sein sollten. Durch seine Artikel angeregt, brachte er indirekt neue Diskussionspunkte in die Konferenz ein und durch den engen Kontakt zu den Delegierten, wobei er viele noch aus der Zeit seiner Beschäftigung für das Schatzamt kannte, konnte er sogar die Beschlüsse der Konferenz direkt beeinflussen. Diese unübersehbare Tatsache veranlaßte eine französische Tageszeitung, Maynard Keynes als „doktrinären Agenten einer Londoner Bankgruppe mit deutschen Neigungen", zu defamieren. Letztendlich wurde die Konferenz in Genua ergebnislos abgebrochen, da sich Rußland geweigert hatte die sowjetischen Vorkriegsschulden anzuerkennen. Ein weiter Grund für den Abbruch war die Aufteilung in kleine Ausschüsse, um Deutschland und Rußland von den Hauptausschußarbeiten ausschließen zu können.[91]

Neben der vorzeitigen Abreise, wie auch schon in Paris, ist in Italien die Begegnung mit dem russischen Außenminister erwähnenswert. Nachdem Maynard Keynes die

---

[90] C. Hession, John Maynard Keynes, 1986, S. 270
[91] Vgl. K. Plötz, Der große Plötz, 1980, S. 857

Möglichkeit hatte, sich bei einem Interview über die russischen Verhältnisse zu informieren, schrieb er einen Aufsatz über „*Das Finanzsystem der Bolschewiken*". Darin forderte er, daß die russische Regierung förmlich anerkannt und dem neuen Staat von britischer Seite eine Regierungsanleihe gewährt wird, um den innen- und außenwirtschaftlichen Wiederaufbau Rußlands nach der Revolution zu unterstützen. Den Geheimvertrag von Rapallo zwischen Deutschland und Rußland, der zur gleichen Zeit geschlossen worden war, befürwortete er inhaltlich, aber die Vorgehensweise beurteilte er als befremdlich. Er befürchtete, daß durch dieses konspirative Verhalten das Mißtrauen gegenüber Deutschland wieder erwachen könnte, zumal sich Deutschland mit großen innenpolitischen Problemen konfrontiert sah und auf die Hilfe von außen hoffte.[92]

Zu diesem Zweck reiste Maynard Keynes, der aufgrund seiner Haltung bei der Frage über die Reparationszahlungen als deutscher Sympathisant verschrien war, im August 1922 zu den Überseewochen nach Hamburg. In einer Rede versuchte er dem deutschen Volk, das mit einer galoppierenden Inflation und der daraus resultierenden sozialen Not zu kämpfen hatte, Mut zuzusprechen. Seine Worte wurden in Deutschland mit der gleichen Aufmerksamkeit honoriert, wie die von Staatsoberhäuptern, da er als der Mann angesehen wurde, der die Einstellung der englisch sprachigen Welt zu Deutschland am nachhaltigsten prägte.

So ist es nicht verwunderlich, daß auch Maynard Keynes im November 1922 eine Einladung nach Berlin bekam, um die Stabilisierungsmöglichkeiten für die Reichsmark zu erörtern. Er vertrat die Ansicht, daß Interventionen auf dem Devisenmarkt keine Erleichterung der Situation bringen würden, er plädierte vielmehr für ein Zahlungsmoratorium, um Deutschland die Zeit zu geben, gemäß der Quantitätstheorie die Geldumlaufmenge zu stabilisieren. Verhandlungen über Zahlungsaufschübe hatte es in der Zwischenzeit mehrmals gegeben, aber diese waren meist aufgrund der unnachgiebigen Haltung von Frankreich sowohl in Den Haag als auch in London gescheitert.

Die Situation verschärfte sich, als Frankreich am 11. Januar 1923 im Ruhrgebiet einmarschierte und es okkupierte, um seine Ansprüche zu sichern. Zu diesem Zeitpunkt verhielt sich Großbritannien noch abwartend, während Deutschland den passiven Widerstand vorzog.[93]

---

[92] Vgl. C. Hession, John Maynard Keynes, 1986, S. 270 ff.
[93] Vgl. K. Ploetz, Der große Ploetz, 1980, S. 858

Aufgrund der guten Kontakte von Maynard Keynes auf der britischen Seite und der von Dr. Carl Melchior auf deutscher Seite, beide wurden als inoffizielle Berater von ihren Regierungen konsultiert, begann 1923 eine beispiellose Zeit der verborgenen Diplomatie. Im Briefwechsel stehend gab Maynard Keynes konstruktive Ratschläge für die deutsche Strategie, welche Dr. Mechlior an den deutschen Reichskanzler Wilhelm Cuno weiterleitete. Melchior versorgte Keynes mit Insider-Informationen der deutschen Politik, die dieser an das Schatzamt und somit an die britische Regierung weitergab und umgekehrt.

Zudem wurde Maynard Keynes teilweise vom Deutschen Rat direkt konsultiert oder schrieb Briefe an den deutschen Reichskanzler. Daß diese Amateur-Diplomatie weitreichende Gefahren barg, muß man nicht näher ausführen. Aber glücklicherweise wurde durch die private Initiative der beiden der Weg für den Dawes-Plan geebnet, wobei sie nicht direkt bei der Entstehung dessen involviert waren.

Im September wurde Gustav Stresemann zum deutschen Reichskanzler ernannt. Er beendete aus finanziellen und innenpolitischen Gründen den passiven Widerstand im Ruhrgebiet und führte im November die neue Währung der Rentenmark ein. Im April 1924 wurde der Bericht des internationalen Sachverständigenausschuß zur deutschen Finanzsicherung, Währungsstabilisierung und Ordnung des Staatshaushaltes unter Vorsitz des amerikanischen Finanzexperten Charles Gates Dawes veröffentlicht. Dieser unter dem Motto „Business, not politics" stehende Dawesplan wurde im September 1924 in Kraft gesetzt und vermochte Deutschland nicht nur eine Anleihe von 800 Millionen Mark zu gewähren, sondern auch amerikanisches Investitionskapital wieder nach Europa fließen zu lassen.[94]

4.3 Der Gegner des Goldstandards und „A Tract On Monetary Reform" (1923)

Neben der anhaltenden Besorgnis über die Reparationszahlungen und deren Auswirkungen im Ausland, wurde Maynard Keynes von weiteren, aber innenpolitischen Themen in Atem gehalten. Zum einen unterlag die Liberale Regierung von Lloyd George bei den Wahlen im Oktober 1922 der Konservativen Partei, die den neuen

---

[94] Vgl. R. Skidelsky, John Maynard Keynes The Economist as Saviour, 1994, S. 128 ff.

Premierminister Bonar Law stellte und zum anderen waren die Probleme, die durch den Krieg entstanden waren, noch lange nicht gelöst.

Die Verschuldung des englischen Staates hatte sich in der Zeit von 1914-1919 von 650 Millionen Pfund auf 7.186 Millionen Pfund erhöht, wobei die staatlichen Einnahmen nur 36 Prozent der Ausgaben decken konnten. Aufgrund der Kriegsfinanzierung hatten sich die Geldmenge und die Lebenshaltungskosten verdoppelt. Auch die Zahlungsbilanz betreffend kamen die Dinge einem Desaster gleich. Die Importe hatten sich verdoppelt, während der Umfang der Exporte stagnierte, somit sah sich Großbritannien mit einem Zahlungsbilanzdefizit konfrontiert. England hatte die Vormachtstellung auf dem Weltmarkt verloren. Probleme waren zwar schon vor dem Ersten Weltkrieg aufgetreten, aber nun war die wirtschaftliche Position mit Amerika vertauscht worden. Die Vereinigten Staaten sind durch den Krieg zu der Gläubigernation geworden und konnten sowohl den weltweiten Produktionsanteil an Schlüsselrohstoffen als auch die Reserven an Währungsgold steigern.

Bereits im April 1920 hatte sich die englische Regierung entschlossen, alles in die Wege zu leiten, um zu einem Goldstandard zurück zu kehren, da dort die Lösung der Probleme gesehen wurde. Da sich das Verhältnis der Geldumlaufmenge zu den Goldreserven durch den Krieg verändert hatte, wurde befürchtet, daß die Wiedereinführung des Goldstandards inmitten des chronischen Zahlungsbilanzdefizits eine große Belastung für die Goldreserven darstellen würde. Durch eine konsequente Deflationspolitik versuchte man die positiven Aspekte der Rückkehr zum Gold zu forcieren. Es wurde erwartet, daß die Preise und Löhne sinken würden um somit den Export wieder konkurrenzfähig zu machen und ausländisches Kapital anzuziehen, was dazu beitragen würde, den Sturm auf das Gold auszuschließen.

Zwar fielen die Löhne zwischen 1920-1925 um ein Drittel und somit auch die Preise, aber die Arbeitslosenquote stieg auf 14 Pr ozent und d ie Exportquote konnte s ich nicht auf das Vorkriegsniveau erholen. Um den Erfolg dieser Politik zu ermitteln, wurde der falsche Maßstab der Pfund/Dollar Parität herangezogen. Im Jahr 1920 lag die Parität noch bei 3.50 Dollar. Nach der Durchführung der deflatorischen Maßnahmen konnte sich das Pfund auf 4.30-4.40 Dollar erholen und im April 1925 hatte man die Parität von vor dem Krieg erreicht. An diesem Punkt wurde die Rückkehr zum Goldstandard von dem damaligen Finanzminister Winston Churchill verkündet.[95]

---

[95] Vgl. P. Mini, John Maynard Keynes, 1994, S. 96 ff.

Maynard Keynes war der Überzeugung, daß ein großer Teil der Probleme, die nach 1920 auftraten, hätten vermieden werden können, wenn schon zu diesem Zeitpunkt Maßnahmen ergriffen worden wären um die Wirtschaft zu stabilisieren, wofür er sich in seinen unzähligen Artikeln eingesetzt hatte.[96]

Es hätte so ganz und gar nicht seiner Persönlichkeit entsprochen, wenn er es bei einigen Veröffentlichungen belassen hätte um die öffentliche Meinung zu beeinflussen. Neben der Einrichtung einer „liberalen Sommerschule", die jährlich abwechselnd in Cambridge und Oxford stattfand, um die Parteimitglieder der Liberalen Partei über aktuelle Probleme aus erster Hand zu unterrichten, erwarb er im April 1923 zusammen mit Gleichgesinnten die Wochenzeitschrift *Nation and Athenaeum*, die ebenfalls der Liberalen Partei nahestand. Er selber schrieb wöchentlich eine Seite über Finanzen und Kapitalanlagen und konnte auch seine Bloomsbury Freunde dazu bewegen, durch deren Beiträge die Zeitung für eine neue Zielgruppe von Lesern interessanter zu gestalten.[97]

Nachdem er es vermocht hatte seinem „neuen Kind" einen guten und erfolgreichen Start zu verschaffen, befaßte er sich mit einem weiteren Nachkommen, der im Dezember 1923 das Licht der Welt erblicken sollte.

Bereits zu Beginn des Jahres hatte er begonnen, an seinem Buch *„Tract on Monetary Reform"* zu schreiben. Dieses markierte den Anfang seines Kampfes gegen die Wiedereinführung des Goldstandards auf dem Vorkriegsniveau der Dollar/Pfund Parität. Betrachtet man es im Zusammenhang mit den noch kommenden Jahren, so war es der Grundstein der Keynesschen Revolution.

Ab 1923 wurde er zu dem führenden Ökonom, der Kritik an der angewandten monetaristischen Politik übte und für die Fiskalpolitik eintrat. Das Buch, welches Milton Friedman als Keynes bestes Werk bezeichnet, bezieht sich auf die Theorie, Praxis und Untersuchungsobjekte der monetären Politik, mit der er sich in den vergangenen drei Jahren durch seine Artikel und Vorlesungen näher beschäftigt hatte. Somit ist es nicht verwunderlich, daß die ersten drei Kapitel aus einer Zusammenfassung bzw. Überarbeitung von mehreren Artikeln bestehen, die er für den *Manchester Guardian* geschrieben hatte.[98]

---

[96] Vgl. R. Skidelsky, John Maynard Keynes The Economist as Saviour, 1994, S. 131
[97] Vgl. C. Hession, John Maynard Keynes, 1986, S. 285
[98] Vgl. R. Skidelsky, John Maynard Keynes The Economist as Saviour, 1994, S. 153

Im ersten Kapitel beschäftigt er sich mit den kurzfristigen Auswirkungen der Veränderungen in der Kaufkraft des Geldes auf die Verteilung des Wohlstandes und dem Grad der Produktivität. Eine Inflation schadet insbesondere durch die Umverteilung des Einkommens. Geschäftsleute können Gewinne auf Kosten der Sparer und Arbeiter, deren Löhne kurzfristig gesehen fixiert sind, realisieren. Dies sei gut für die Geschäftswelt, aber es untergräbt den Kapitalismus auf lange Sicht, da es Unternehmer zu Profiteuren macht und das Angebot an Spareinlagen schrumpfen läßt. Eine Deflation hingegen verzögert die Bildung von Vermögen. Fallende Preise beeinträchtigen nicht nur die Produktion, sondern auch die Beschäftigungszahlen, da sie unerwartete Verluste für Geschäftsleute birgt, da diese ihre Fix-Kosten kurzfristig nicht senken können und die Preise für ihre Produkte fallen.

Eine für Maynard Keynes unverwechselbare Überlegung ist die Miteinbeziehung von Erwartungen. In der herkömmlichen Theorie konnten nur unerwartete Preisänderungen die von Keynes beschriebenen Auswirkungen haben. Für ihn aber ist nur eine gewisse Erwartung, daß Preise steigen oder fallen in Verbindung mit Unsicherheit ausreichend, um den Prozeß zur Beschädigung der Wirtschaft in Gang zu setzten. Den Hauptgrund für unerwartete Verluste und Gewinne und somit für die Veränderungen in Produktionsmenge und Beschäftigungszahlen sieht er in der Trägheit der Zinsrate angesichts von Preisniveauveränderungen.

Nachdem er sich näher mit den Auswirkungen von Kaufkraftveränderungen beschäftigt hat, befaßt er sich mit den Gründen für diese und kommt im dritten Kapitel auf die Quantitätstheorie zu sprechen. Diese besagt, daß sich das Preisniveau proportional zur Geldmenge entwickelt. Vereinfacht bedeutet dies, je mehr oder weniger die Summe an ausgegebenen Banknoten ist, desto höher oder niedriger verändert sich das Preisniveau um die gleiche Proportion. Keynes schreibt, daß diese Theorie fundamental und die Interdependenz nicht zu negieren sei, aber nur wenn man eine langfristige Betrachtungsweise anwendet. Er führt aus:

„Aber diese langfristige Perspektive ist im Blick auf die Probleme der Gegenwart irreführend. Auf lange Sicht sind wir alle tot. Die Ökonomen machen es sich gar zu leicht und sind gar zu unnütz, wenn sie uns in stürmischen Zeiten nicht mehr sagen können als daß das Meer, wenn der Sturm erst mal vorbei ist, wieder glatt ist." [99]

---

[99] C. Hession, John Maynard Keynes, 1986, S. 288

Was er mit diesem, wohl am meist zitierten Ausspruch von ihm meinte ist, daß die Wirtschaftssubjekte in der kurzfristigen Betrachtungsweise die Umlaufgeschwindigkeit des Geldes beeinflussen und somit die Preise. Nach Keynes steigt die Geschwindigkeit der Geldausgabe, wenn die Preise steigen oder nur eine Steigerung erwartet wird und fallen im umgekehrten Fall. Dies beeinflußt das Preisniveau ohne das man das Geldvolumen verändert hat. Das Ziel des Bankensektors, die Preise konstant zu halten, sollte nicht die Stabilisierung der Summe der umlaufenden Geldmenge, sondern die Beibehaltung von einem gleichbleibenden Bodensatz von Einlagen sein, um die Umlaufgeschwindigkeit möglichst konstant halten zu können. Er konzentriert sich in seinen weiteren Ausführungen auf die Variation der Nachfrage nach Transaktionskasse, wie er es später nennen wird, ohne aber näher auf die nicht-monetäre Ursachen von deren Veränderung einzugehen.[100]

Im fünften Kapitel beschreibt er die Ziele und die Mechanismen einer Geldpolitik. Das Ziel einer Währungsbehörde sollte sein, die Schwankungen des Wertes einer Währung auf einen gewissen Prozentsatz von Normal, nach oben oder unten, zu beschränken. Um zu ermitteln, was unter Normal zu verstehen ist, sollte die Beschäftigungslage, das Produktionsvolumen, die effektive Kreditnachfrage, der Umfang von Neuemissionen, der Zufluß von Geldern in den Wirtschaftskreislauf, Statistiken des Außenhandels und d ie Wechselkurse herangezogen werden. Eine Normalisierung sollte der Stabilisierung vorangehen. Das hieß im Falle von Großbritannien, erst einmal steigende Preise und einen fallenden Wechselkurs in Kauf zu nehmen, um die Lage zu normalisieren. Erst dann könnte die Währungsbehörde über die Veränderung des Kreditzinses die Geldmenge oder die Umlaufgeschwindigkeit nachhaltig beeinflussen, um somit Impulse an die Wirtschaft weitergeben zu können.

Der Kernpunkt dieser Aussage bezieht sich darauf, daß sich das Management von inländischen Preisen im Interesse der Wirtschaft und sozialen Stabilität als unglaublich schwierig erweisen würde, wenn Großbritannien zu dem Goldstandard auf Vor-Kriegs-Parität zurückkehren würde. Vor die Wahl gestellt, darf man der Entscheidung für die Preisstabilität und nicht der Stabilität der Wechselkurse den Vorzug geben. Eine Wechselkurspolitik sollte hinter den Bedürfnissen der einheimischen Wirtschaft angeordnet werden. Er gab zu bedenken, daß im neunzehnten Jahrhundert der Goldstandard nicht nur ein stabiles Wechselkursniveau, sondern auch ein stabiles Preisniveau erfordert hatte und dies durch gewisse, heute aber nicht mehr bestehende

---

[100] Vgl. R. Skidelsky, John Maynard Keynes The Economist as Saviour, 1994, S. 157

Umstände realisiert werden konnte. Zu der damaligen Zeit konnte die Entdeckung von neuen Goldvorkommnissen mit der Entwicklung der Wirtschaft und somit dem Geldbedarf Schritt halten. Große Unterschiede im Wert des Goldes konnten somit vermieden werden und die Verteilung des Goldes spiegelte ein konkurrenzfähiges Gleichgewicht innerhalb der großen Handelsnationen wieder.[101]

Nun ein viertel Jahrhundert nach der letzten wichtigen Entdeckung einer Goldmine lag der größte Teil des weltweiten Währungs-Goldes in Amerika hinter verschlossenen Türen. Somit würde die Wiedereinführung des Goldstandards bedeuten, daß Großbritannien es der Federal Reserve Bank überlassen würde, nicht nur das inländische Preisniveau, sondern auch den Kreditzyklus zu steuern.

Maynard Keynes insistierte mit Nachdruck, daß Großbritannien unbedingt seine Unabhängigkeit von den Vereinigten Staaten in monetären Belangen beibehalten sollte. Wenn es möglich ist das inländische Preisniveau über einen längeren Zeitraum in beiden Ländern zu stabilisieren und auf dem gleichen Stand zu halten, dann werden sich die Wechselkurse gemäß ihrer Kaufkraft annähern und ebenfalls stabilisieren. Somit wird sich eine Politik, die auf eine Stabilisierung der Preise, des Kreditvolumens und der Beschäftigung ausgerichtet ist, auf die Wechselkurse auswirken. Eine Währungsbehörde sollte die langfristige Stabilisierung der Preise mit der kurzfristigen Stabilität der Wechselkurse kombinieren und den Goldpreis regulieren und sich nicht anstrengen ihn „um jeden Preis" festzusetzen bzw. zu erhalten. Goldreserven sollten nur für Notfälle und losgelöst von dem Umfang der Notenausgabe gehalten werden. Er sagte voraus, daß sich die Welt auf ein zentral gesteuertes Währungssystem zubewegte, aber in der Zwischenzeit sieht er die richtige Lösung der aktuellen Probleme durch die Einführung eines auf Dollar und Pfund Sterling basierenden gesteuerten Wechselkurssystem, mit Anpassungen innerhalb einer Bandbreite. Somit könnte durch die enge Zusammenarbeit der Währungsbehörden in beiden Ländern sowohl die Preise und die Wechselkurse auf einem stabilen Niveau gehalten werden. Andere Länder könnten ihre eigenen Währungen an Dollar und Pfund Sterling ankoppeln, ihre Goldreserven in ihren Ländern behalten und die Währungsreserven in den Reservewährungen an den jeweiligen Finanzplätzen hinterlegen.

Wie in seinem vorangegangenen Werk *„The Economic Consequences of the Peace"* sparte er auch hier nicht mit verbalen Seitenhieben auf das Establishment. Die Befürworter des Goldstandards bezeichnete er als „erkrankt an einer Art Verlust von

---

[101] Vgl. P. Mini, John Maynard Keynes, 1994, S. 98

Zeitbewußtsein und von Hand böser Feen, nämlich gottlosen Finanzministern", geführt. In Wahrheit ist die Goldwährung ein barbarisches Überbleibsel, und selbst die Vereinigten Staaten würden „nur so tun" als hielten sie an einer Goldwährung fest. In Wirklichkeit hätte Amerika eine Dollarwährung geschaffen, denn sie sorgen mit großem Aufwand dafür, daß der Wert des Goldes dem Dollar entspricht und nicht, wie es sein sollte, der Dollar dem Wert des Goldes.

Im einem weiteren Teil seines Buches läßt er seine Leser an seinen Erfahrungen im Schatzamt und als privater Spekulant teilnehmen. Er beschreibt, wie man sich gegen die Kursschwankungen im Devisenterminmarkt effizient absichern kann.

Dieses Buch markiert nicht nur den Beginn seines Kampfes gegen die Wiedereinführung des Goldstandards, sondern es zeigt auch die ökonomischen Interdependenzen, mit denen er sich in seiner Lehre für den Rest seines Lebens beschäftigen wird. Er sieht die ökonomische Gesundheit eines Landes als zu wichtig an um es dem Laissez faire zu überlassen. Ein volkswirtschaftliches Management muß in die moderne Staatsführung aufgenommen werden und darf nicht als ein Instrument für finanzielle Interessen verkümmern.[102]

Nach der Veröffentlichung mußte sich Maynard Keynes mit der Kritik an seinem Buch von vielen unterschiedlichen Seiten auseinandersetzten. Die Liberale Partei zweifelte daran, ob es sinnvoll ist dem Staat erweiterte Befugnisse über den Geldumlauf einzuräumen, während viele Kritiker eine Inflation befürchteten, falls der Goldmechanismus ausgesetzt werde. In der Bevölkerung wurde der Goldstandard mit der wirtschaftlichen Expansion und dem allgemeinen Wohlstand in der viktorianischen Zeit in Verbindung gebracht und noch hatte die volkswirtschaftliche Lehre diesem nichts entgegenzusetzen. Der Goldstandard war somit nicht nur für die meisten Wirtschaftswissenschaftler und Bankleute geradezu sakrosankt, sondern auch für die Bevölkerung. Dazu kam noch ein moralisches Motiv: Viele sahen die Rückkehr zur Goldwährung als eine Frage der Ehre an. Die Bevölkerung, die, um den Krieg zu finanzieren, ihrer Regierung ein Darlehen gewährt hatte und somit ein symbolisches Stück Gold dafür hergegeben hatte, sollte das gleiche und mehr zurückerhalten. Diese allzu einfache Sichtweise wurde noch von allgemein geteilten Ansichten über die Prinzipien von Gerechtigkeit, Tugend und Unantastbarkeit von Verträgen untermauert. Die Dollar/Pfund Parität wurde zu einer Maßeinheit für die britische Ehrwürdigkeit. Durch den Krieg war Großbritannien dazu veranlaßt worden die Parität aufzulö-

---

[102] Vgl. R. Skidelsky, John Maynard Keynes The Economist as Saviour, 1992, S. 153 ff.

sen, aber die Ehre verlangte, daß man alles daransetzt sie nun wieder auf dem Vor-Kriegs-Niveau herzustellen.[103]

Zwar nahm das Eintreten für eine Währungsreform in seinem Leben einen hohen Stellenwert ein, aber er sah auch, daß die Situation in Großbritannien an ganz anderen Dingen erkrankt war und, sollte eine tatsächliche Änderung eintreten, er an mehreren Fronten zur gleichen Zeit zu kämpfen hatte.

Als im April 1924 ein Artikel von Lloyd George über Maßnahmen zur Bekämpfung der Arbeitslosigkeit in der *Nation* veröffentlicht wurde, nahm sich Maynard Keynes umgehend der Problematik an. In diesem Beitrag sprach sich der ehemalige Premierminister für ein umfangreiches öffentliches Bauvorhaben aus, um gegen die Arbeitslosenzahl von ungefähr einer Million anzugehen.

Etwa einen Monat später folgte die detaillierte Antwort von Maynard Keynes. Er schlug dem Schatzamt vor, aus dem Schuldentilgungsfonds jährlich eine Summe von bis zu 100 Millionen Pfund für Großprojekte zur Verfügung zu stellen. Für ihn war, als

> „letztes Heilmittel für die Arbeitslosigkeit und als Auslöser für eine Entwicklung zu wachsendem Wohlstand einerseits die Währungsreform, die die Unsicherheit beseitigen wird, sowie andererseits der Abzug der Gelder des National Savings- (Volksspar-) Programmes aus relativ unproduktiven ausländischen Kapitalanlagen und ihre Verwendung für staatlich geförderte produktive Vorhaben, wie Bau von Wohnsiedlungen, die Modernisierung von Straßen und den Ausbau des Elektrizitätsnetzes, im Inland, wodurch Vertrauen geschaffen wird."[104]

Den Rest des Jahres 1924 verbrachte er mit der Weiterführung des Kampfes gegen die Wiedereinführung des Goldstandards. Er schrieb weiterhin viele Artikel, hielt öffentliche Reden und sagte vor Regierungskommissionen aus. Er versuchte die Augen für „das Paradox der Arbeitslosigkeit inmitten von Mangel" zu öffnen und vor den innenpolitischen und wirtschaftlichen Auswirkungen der angestrebten Währungsreform zu warnen.

---

[103] Vgl. P. Mini, John Maynard Keynes, 1994, S. 97
[104] C. Hession, John Maynard Keynes, 1986, S. 293

4.4 Als Reaktion auf die Wiedereinführung „The Economic Consequences of Mr. Churchill" (1925)

Zu Beginn des 1925 nutze Maynard Keynes noch einmal das Forum, welches die *Nation* ihm bot, den Schatzkanzler der konservativen Regierung, Winston Churchill, nachdrücklich davon zu überzeugen, daß er im Begriff war einen schweren Fehler zu begehen.

Sich auf die Aussagen seiner Berater verlassend, verkündete Churchill am 28. April 1925 offiziell die Rückkehr zur Goldwährung. Zwar hatte Keynes an diesem Tag die Schlacht verloren, aber nicht den Krieg. Seine Reaktion kam umgehend und heftig, so heftig, daß die *Times* einem Abdruck seines Artikels nicht zustimmte. Unter einem gemäßigteren Titel „Arbeitslosigkeit und Geldpolitik" erschien dennoch eine Reihe von drei Artikeln im *Evening Standard* über die Konsequenzen der Wiedereinführung. Diese faßte er später zu einem Pamphlet zusammen, und nach einigen Schwierigkeiten erklärten sich seine Freunde Virginia und Leonard Woolf bereit, es in ihrem Verlag zu publizieren.

„*The Economic Consequences of Mr. Churchill*" befaßt sich mit drei großen Themenblöcken: die Konsequenzen der Rückkehr zum Gold, die Gründe warum es zu dieser Entscheidung gekommen ist und die möglichen Auswege aus der mißlichen Lage.

„Durch das laute Geschrei der etablierten Finanzwelt um den Verstand gebracht und von seinen Experten gröblich irregeführt hat sich Churchill durch seine Handlung verpflichtet, eine Lohn- und K aufkraftsenkung durchzuführen, ohne zu wissen wie dies möglich ist."[105]

Weiter führt Keynes aus, daß das Pfund Sterling bei einem Kurs von 4,86 Dollar um zehn Prozent überbewertet ist, um es auf Parität halten zu können wird es notwendig sein, die Zinssätze für kurzfristige Kredite zu erhöhen, Kreditbeschränkungen einzuführen und eine steigende Arbeitslosigkeit zuzulassen, dies alles um eine mögliche Kostenreduktion zu erzielen.

Am Beispiel der britischen Kohleindustrie zeigt er die weitreichenden sozialen Folgen auf. Durch die Überbewertung des Pfunds mußten die Grubenbesitzer, wenn sie auf dem internationalen Markt wettbewerbsfähig bleiben wollten, drastische Lohn-

---

[105] R. Skidelsky, John Maynard Keynes The Economist as Saviour, 1994, S. 202

senkungen ohne Rücksicht auf die Lebenshaltungskosten durchsetzten. Somit werden die Bergleute zum ersten „geringfügigen Opfer" der ökonomischen Gewalt und Mr. Churchills, welches unter sozialen Gesichtspunkten nicht zu vertreten ist. Dem nicht genug, greift er verbal die Institutionen in Großbritannien und deren Borniertheit, die sich im Festhalten an den konventionellen Prinzipien zeigt, an. Er schreibt:

> „Die Goldwährung als eine Methode, die auf den eine Zufall vertraut, an „automatische Regulierungen" glaubt und sich gegenüber dem sozialen Schicksal des einzelnen überhaupt gleichgültig zeigt, ist ein zentrales Emblem und Idol derer, die im System die oberen Ränge einnehmen. Diese Leute sind aber, meine ich, allzu schnell bei der Hand mit ihrer Gleichgültigkeit, ihrem vagen Optimismus und ihrer bequemen Überzeugung, daß schon nichts wirklich Schlimmes passieren werde. In neun von zehn Fällen passiert auch nichts wirklich Schlimmes - nur einzelne oder Gruppen müssen ein bißchen leiden. Aber wir laufen Gefahr, daß uns der zehnte Fall erwischt (von unserer Dummheit ganz abgesehen), wenn wir weiterhin die Prinzipien einer Wirtschaftsordnung, die auf dem Glauben an Laissez faire und freien Wettbewerb berechnet war, auf eine Gesellschaft anwenden, die diesem Glauben unaufhaltsam den Rücken kehrt ... In neuerer Zeit hat die verfluchte Gier nach Gold sich einen Anschein der Respektabilität zu geben gesucht, der an Undurchdringlichkeit alles Bisherige in den Schatten stellt, sogar die schlimmsten Täuschungen auf dem Gebiet der Sexualität oder der Religion."[106]

In den folgenden Jahren des Goldstandards hat sich seine Voraussage, daß Großbritannien die Überbewertung des Pfund Sterling nur durch eine Politik des „Schulden-Machens" statt den Export zu fördern aufrecht erhalten kann, als richtig erwiesen. Durch die Entscheidung zur Rückkehr zum Goldstandard wurde die Wirtschaft vor das permanente Problem der Arbeitslosigkeit gestellt.

Maynard Keynes führte das Durcheinander im politischen Entscheidungsprozeß und das daraus resultierende Ergreifen von falschen Maßnahmen auf einen Mangel an Kenntnissen und das Fehlen einer der Situation entsprechenden Theorie zurück. Somit verbrachte Maynard Keynes, nachdem er die Entscheidungen bezüglich des Goldstandards nicht mehr beeinflussen konnte, die folgenden Jahre mit der Entwicklung einer Beschäftigungspolitik, die diesem entsprach, und dem Schreiben von sei-

---

[106] C. Hession, John Maynard Keynes, 1986, S. 305

nen bekanntesten Werken, um seinen Worten eine volkswirtschaftliche Theorie folgen zu lassen.

4.5 Der Liebhaber der „schönen Künste" und die Ehe mit Lydia Lopokova (1925)

Doch noch bevor er die Zeit fand die Entwicklung seiner Theorien voranzutreiben und sich mit deren Niederschreiben zu beschäftigen, wagte er einen großen, ganz persönlichen Schritt.

„Wo paarten sich Schönheit und Verstand je besser, als bei der blonden Lopokova und Keynes, dem Professor?", war ein dieses Ereignis betreffender Vers.[107]
Zeit seines Lebens geprägt durch sein Elternhaus und ganz besonders durch seine Freunde im Bloomsbury-Zirkel, traf er bereits 1918 auf eine weitere Person, die ihn nachhaltig beeinflussen wird. Wie schon in den vorangegangen Kapiteln erwähnt, hatte er in seiner Jugend eine Neigung für das Gleichgeschlechtliche entwickelt und auch ausgelebt. Da er sich aufgrund seiner homosexuellen Neigungen am Rande der Gesellschaft und des Gesetzes (zur Zeit, als Maynard geboren wurde, war Oscar Wilde wegen Homosexualität zu einer Gefängnisstrafe von zwei Monaten verurteilt) bewegte, besaß er eine ausgeprägte Fähigkeit mit dem jeweils Schwächeren zu sympathisieren und die Bereitschaft den Großen dieser Welt gegebenenfalls die kalte Schulter zu zeigen. Dies zeigte sich nicht nur in dem vorzeitigen Verlassen der Konferenz von Versailles und gleichzeitigem Niederlegen seines Amtes, sondern auch in seinen nachfolgenden Büchern, in denen er nicht mit verbalen Angriffen auf das Establishment und Herkömmliche gespart hatte und letztendlich die gesamte volkswirtschaftliche Lehre revolutionierte.

Schon während des ersten Weltkrieges soll sich das sexuelle Interesse von Maynard Keynes gewandelt haben. Über mögliche Hintergründe kann man heute nur spekulieren, sicher ist aber, daß der Krieg das Verhältnis an Frauen und Männer in der Gesellschaft verändert hatte und die Trennungslinien der Geschlechter verschwommener wurden. Zudem hatte sich die finanzielle Lage von Maynard Keynes verbessert und durch die Anhebung seiner sozialen Stellung gewann er in den Augen der Damenwelt

---

[107] C. Hession, John Maynard Keynes, 1986, S. 312

an Anziehungskraft. Auch seine Bloomsbury Freunde waren älter geworden und hatten geheiratet oder befanden sich zumindest in einer dauerhaften Beziehung.
Obwohl die Verbindung zwischen dem Universitätsprofessor und dem russischen „Revuegirl" im Umfeld nicht nur positive Reaktionen hervor rief, ehelichte Maynard Keynes am 4. August 1925 auf dem Standesamt von St. Pancras Lydia Lopokova. Der Hochzeitstermin hatte sich etwas verzögert, da Lydia auf die Annullierung ihrer Ehe mit Barocchi, der sie obwohl bereits verheiratet geehelicht hatte, warten mußte. Noch am gleichen Tag des Erhalts der Unwirksamkeitserklärung wurde geheiratet.[108]
Wie erwähnt hatte sich das ungleiche Paar 1918 auf einer Party in London persönlich kennengelernt. Die Primaballerina des russischen Diaghilew Ballettes war für Maynard Keynes keine Unbekannte gewesen. Bereits in den Vorkriegsjahren hatte dieser sein Interesse für das Ballett entdeckt und als die russische Tanzgruppe in der englischen Hauptstadt für enthusiastische Kritiken sorgte, war auch er in ihren Bann gezogen. Aber erst 1921, als Lydia für ein Engagement nach London zurückkehrte, begann Maynard Keynes diese zu umwerben. Was machte die Faszination dieser Frau aus? Ein Zeitgenosse schilderte sie folgendermaßen:

„Sie hatte ein rührendes, neugieriges, vogelartiges Gesicht gleich einer Maske in einer italienischen Komödie und kannte, Vollblutartistin, die sie war, haargenau die Spannweite und Grenzen ihrer Möglichkeiten; Inbegriff der Heiterkeit, Spontaneität und jener besonderen Leidenschaftlichkeit, die zur Spontaneität dazugehört, hatte sie die Bewegung ihrer Hände und Arme in einer Weise entwickelt wie noch kein Tänzer vor ihr und damit die Tanztechnik einen Schritt vorangebracht. Ihr sprühender Witz teilte sich jeder ihrer Gesten mit, allem, was sie tat." [109]

Für Maynard Keynes dem sie gerade mal bis zur Schulter reichte, besaß sie die inneren Werte und Eigenschaften, die er an seinen Mitmenschen am meisten schätzte. Sie zeichnete sich durch Witz, Heiterkeit, Spontaneität und Originalität aus. So ist es nicht verwunderlich, daß diese Verbindung, obwohl von vielen als Zweckheirat mißverstanden, auf einer lebenslangen Wertschätzung, gemeinsam geteilten Interessen und Liebe beruhte.
Ab den 20-er Jahren, wurde die russische Ballerina der Mittelpunkt im Leben des großen Ökonomen. Während er von nun an ihre Karriere managte und ihre Gelder

---

[108] Vgl. D. Felix, Keynes A Critical Life, 1999, S. 190
[109] C. Hession, John Maynard Keynes, 1986, S. 252

verwaltete, konnte sie ihm die für seine Arbeit wichtige, emotionale Sicherheit und Zugehörigkeitsgefühl geben. Dies bedeutete zwar einen Bruch mit Bloomsbury, da seine Freunde mit der Wahl seiner Partnerin nicht einverstanden waren, aber nicht mit den verinnerlichten Bloomsbury-Werten.

Die Hochzeitsreise führte das Paar in die Heimat der Braut, nach Rußland. Das Angenehme mit dem Nützlichen verbindend, besuchten sie dort nicht nur die Familie von Lydia, sondern nahmen auch als offizielle Gesandte von der Universität Cambridge an den Zweihundert-Jahr-Feierlichkeiten der Wissenschaftlichen Fakultät in Petrograd teil. Über diese Reise veröffentlichte Maynard Keynes drei Artikel in der *Nation* und faßte diese später in einem kleinen Buch mit dem Titel „*A Short View of Russia*" zusammen. Fasziniert vom Leninismus, da dieser in seinen Augen Religion und Geschäft vereinigte, war er bereit, sich auf die Seite derer zu schlagen, die bemüht waren, dem neuen sowjetischen Regime etwas Gutes abzugewinnen. Insbesondere da sich die neue Religion darauf konzentrierte, eine Veränderung der individuellen und gesellschaftlichen Einstellung zum Geld herbeizuführen. Somit hat der religiöse Kommunismus in seinen Augen soziale Rahmenbedingungen geschaffen, um einen Wandel der Geld bestimmenden Motivation, der gesellschaftlichen Rangordnung und der auf das Geld gegründeten Machtverhältnisse zu forcieren. Zwar erwartet er keine wesentlichen Beiträge zur Nationalökonomie, aber wenn man die Religion als den kleinsten gemeinsamen Nenner in einer Gesellschaft betrachtet, so gibt er der kommunistischen Lehre den Vorzug vor dem unreligiösen und in seinen Augen unsozialen Kapitalismus. Auf den gleichen Gedanken basierend, folgt eine Ausführung über den Verfall der Religion und ob die Trennung von Religion und Geschäftsleben in der damaligen Zeit als sinnvoll zu erachten war. Er schließt mit dem Ausblick, daß der russische Kommunismus vielleicht die ersten unklaren Regungen einer großen Religion darstellt.[110]

Wie schon in den vorangegangenen Kapiteln erwähnt, verteilte sich das Leben von Maynard Keynes auf verschiedene Standorte.[111] Während der Vorlesungszeit verbrachte er die Mitte der Woche in London, um an Geschäftsversammlungen teilnehmen zu können, Freunde und Besucher zu treffen und ganz besonders um in der City präsent und involviert zu bleiben. Den Rest der Woche weilte er in Cambridge, beschäftigt mit Vorlesungen und Verwaltungsarbeiten, wobei die Treffen des Kings

---

[110] Vgl. C. Hession, John Maynard Keynes, 1986, S. 313
[111] Anhang IV, S. 135

College Verwaltungsausschusses wegen ihm auf Samstag Morgen verlegt worden waren. Die Semesterferien, die er meist dazu benutzte ein neues Werk aus seinen Artikeln, Aufzeichnungen und Vorlesungen zusammenzustellen, hatte er bis zu seiner Hochzeit auf dem Landsitz Charleston in Sussex verbracht. Da dieser seinen Bloomsbury-Freunden Vanessa Bell und Duncan Grant, der acht Jahre lang sein Lebensgefährte gewesen war, gehörte und diese ein angespanntes Verhältnis zu Lydia hatten, war dieses Refugium für ihn nach der Hochzeit nicht mehr gegeben. Nach kurzer Zeit fand sich ein adäquater Ersatz. Ebenfalls in Sussex, nahe von Lewes und nur einige hundert Meter vom Landsitz der Freunde entfernt, mietete das Ehepaar Keynes das Anwesen Tilton.[112] Ganz seinen Überzeugungen entsprechend, begann er sukzessive Land dazu zu pachten und hatte nach dem zweiten Weltkrieg schließlich eine Fläche von 570 Morgen zu bewirtschaften. Dort schrieb er seine bekanntesten akademischen Werke „*A Treatise on Money*" (1930) und „ *The General Theory*" (1936). Die vorlesungsfreie Zeit verbrachte er, neben Reisen in das Ausland, hauptsächlich auf Tilton und in London. Wenn er sich in der britischen Hauptstadt aufhielt, wohnte er in seinem Stadthaus am Gordon Square 46 im Stadtteil Bloomsbury. Dort spielte sich auch ein Großteil seines offiziellen gesellschaftlichen Lebens ab. Während man auf Tilton nur ungezwungen Freunde empfing, gingen in London bei den Keynes Persönlichkeiten aus der Politik, der „Upper-class" und Kunstszene ein und aus.[113]

Insbesondere die letzte Gruppe hatte schon lange sein Interesse geweckt. Während des ersten Weltkrieges, als er für das britische Schatzamt tätig war, reiste er mit dem Direktor der National Gallery nach Frankreich, um an einer Auktion von Bildern des Malers Degas teilzunehmen. Er hoffte durch den Devisentransfer die französische Zahlungsbilanz aufbessern zu können. Leider war sein Begleiter zu unentschlossen und investierte nur fünfundsiebzig Prozent seines Budgets, aber Maynard Keynes konnte einen Cezanne, einen Ingres und zwei Bilder von Delacroix erwerben und somit den Grundstein seiner umfassenden Gemäldesammlung legen.[114]

Soweit es bekannt ist und das Ehepaar Keynes Einblick in sein Privatleben gewährte, versuchten sie 1927 Nachwuchs zu bekommen, dies war auch das Jahr indem Lydia Keynes ihre Verpflichtungen auf der Bühne auf ein Minimum reduzierte. Einem ver-

---

[112] Vgl. D. Moggridge, Maynard Keynes An Economist's Biography, 1992, S. 403
[113] Vgl. D. Moggridge, Maynard Keynes An Economist's Biography, 1992, S. 403
[114] Vgl. C. Hession, John Maynard Keynes, 1986, S. 188

schlüsselten Telegramm, welches Maynard am 10. Oktober 1927 an seine Frau sandte, ist zu entnehmen, daß sie schwanger gewesen war, aber das Kind verloren hatte.[115] Es wird noch über weitere Versuche und Mißerfolge berichtet, auf die hier aber nicht näher eingegangen wird. Fakt bleibt aber, daß es leider keine leiblichen Nachkommen dieses Paares gibt.

Nichtsdestotrotz sind die Hinterlassenschaften zahlreich, wenn auch nicht menschlicher Natur. Nachdem Lydia ihre Karriere als Ballerina aufgegeben hatte, blieb sie der Bühne als Schauspielerin erhalten. Einer ihrer ersten Auftritte hatte sie im ADC Theater in Cambridge. Hier ist es erwähnenswert, daß wenn das Ehepaar gemeinsam in der Geburtsstadt von Maynard weilte, er weiterhin alleine in seinen Räumen des Kings College weilte, während Lydia bei seinen Eltern oder im Hotel wohnte.[116] Räumlich gesehen trennte er also die zwei unterschiedlichen Welten, aber durch die Gründung der Camargo Ballettgesellschaft 1930 und der Gründung der London Artists Association im gleichen Jahr, verstand er es diese Welten zu verbinden.[117]

1933 ging er noch einen Schritt weiter, in diesem Jahr legte er den Grundstein für das Arts Theater in Cambridge. Nachdem er und Lydia sich nicht nur um Bauplatz, Architekten, Innenausstattung und sogar Tischwäsche für das Restaurant gekümmert hatten, konnte es drei Jahre später eröffnen. Maynard Keynes brachte nicht nur den Großteil des Stammkapitals für diese Unternehmung auf, sondern gewährte auch ein zinsloses Darlehen, als es absehbar wurde, daß die Kosten die ursprünglich veranschlagte Summe überstiegen. Das als private Aktiengesellschaft gegründete Theater wurde 1937 in eine gemeinnützige Stiftung umgewandelt. Es ist auch heute noch möglich, Theatervorstellungen in dem ganz in der Nähe des Kings College gelegenen Theater zu besuchen. Mit ein bißchen Glück kann man in der mit einem Messingschild gekennzeichneten Loge von Maynard und Lydia Keynes der Vorstellung folgen.

In einem Rundfunkvortrag 1936 im Rahmen der BBC mit dem Titel „Das Verhältnis von Kunst und Staat" von Maynard Keynes verlieh er seinen Beweggründen Ausdruck, warum er nicht nur Zeit sondern auch Geld in solche Projekte investierte. Er verweist auf die Antike, als sich sowohl die Griechen als auch die Römer bewußt darüber waren, daß ihr Volk nicht nur Brot, sondern auch Spiele zum Überleben be-

---

[115] Vgl. R. Skidelsky, John Maynard Keynes The Economist as Saviour, 1994, S. 295
[116] Anhang V, S. 137
[117] Vgl. R. Skidelsky, John Maynard Keynes The Economist as Saviour, 1994, S. 295 ff.

nötigen. Diese Erkenntnis bzw. Aufgabe des Staates hätte sich über die Jahrhunderte verändert und bis heute ganz verloren. In seiner ganz eigenen und fast schon verachtenden Art führt er weiter aus:

> „Diese Auffassung war bestimmt von dem utilitaristischen Ideal, nachdem das Ökonomische - man könnte fast sagen das Finanzielle - der einzige anerkennenswerte Zweck der gesamten Gemeinschaft war; dem vielleicht schrecklichsten Irrglauben, dem je eine zivilisierte Gesellschaft ihr Ohr geöffnet hat. Brot, und nichts als Brot, und nicht einmal das, sondern Brot, das sich nach dem Zinseszinsprinzip vermehrt, bis es sich in Stein verwandelt hat ... Wir haben uns eingeredet, daß es ein regelrechtes Verbrechen ist, wenn der Staat auch nur einen Groschen für nicht ökonomische Zwecke verwendet ... Die Ausbeutung und schließliche Zerstörung der göttlichen Gabe öffentlicher Unterhaltungskunst dadurch, daß man sie zum Zwecke des Gelderwerbs verkauft, gehört zu den bedeutenderen Untaten des zeitgenössischen Kapitalismus."[118]

Wie genau der Staat aber vorgehen soll um dem „gemeinen Mann" wieder ein Gemeinschaftsgefühl zu vermitteln, vermochte Maynard Keynes nicht zu sagen. Da durch die Kunst dem menschlichen Bedürfnis nach Solidarität nachgekommen werden kann, schließt er mit der Überlegung, ein Komitee einzurichten, welches sich mit der Verhinderung der Umweltzerstörung und Erhaltung von nationalen Denkmälern und öffentlicher Stätten beschäftigen sollte. Als Nebeneffekt kann man im Falle einer Rezession genau diese Vorhaben benutzen, die erforderlichen Staatsprojekte- und ausgaben zu initiieren. Also auch wenn er „in Sachen Kunst unterwegs war", vermochte er die Volkswirtschaftslehre um- und einzusetzen.

Aufgrund seiner Involvierung und Initiative auf dem Kunstsektor wurde er 1941 zum Kurator der National Gallery in London ernannt und ein Jahr später zum Vorsitzenden des Ausschusses für die Förderung von Kunst und Musik.

Es gibt noch sehr viel mehr kleine und interessante Episoden über dieses Ehepaar zu berichten. Festhalten muß man aber, daß Lydia ein sehr wichtiger Teil, außerhalb des Universitätsleben in Cambridge und den Freunden in Bloomsbury, im Leben von Maynard Keynes war. Insbesondere ab 1937, in diesem Jahr hatte er seinen ersten Herzinfarkt, war Lydia nicht nur seine Ehefrau, sondern wurde auch seine Krankenschwester und ständige, immer um sein Wohlergehen bemühte Begleitung. Als er am

---

[118] C. Hession, John Maynard Keynes, 1986, S. 407

Ostermorgen 1946 verstarb war wiederum sie an seiner Seite. Nach seinem Tod verbrachte Lydia den Großteil der restlichen dreissig Jahre ihres Lebens auf dem Landgut in Sussex, dem Ort, wo sie unter anderem ihre gemeinsamen Oster- und Weihnachtsferien verbracht haben. Sie verstarb, drei Tage nach seinem Geburtsdatum, am 8. Juni 1981 in einem Altersheim.[119]

4.6 Ein kurzer Ausflug in die Politik und „The End of Laissez faire" (1926)

Bis 1924 hatte keine der Regierungen in England eine Notwendigkeit gesehen, den bisherigen Kurs zu verlassen. Es wurde zwar eingestanden, daß es einen Wirtschaftszyklus gibt und daß auch die Arbeitslosigkeit diesem unterliegt, aber bisher hatte sich das Problem per Schiff auf dem Weg in die vielen englischen Kolonien oder von alleine gelöst.

Maynard Keynes Überlegung, daß die Wirtschaft geleitet werden sollte, um Ziele wie Vollbeschäftigung, Preisstabilität, gesundes Zahlungsbilanzniveau und ein befriedigendes Wachstum zu erreichen, wurde als unverständlich oder sogar als phantastisch abgetan. Seine Vorstellung war die eines staatlich gesteuerten Kapitalismus und eine Abkehr von dem Laissez faire. In seinen Augen brachte das System des freien, ungesteuerten Kapitalismus zwei Probleme mit sich. Das erste entsteht aus der Instabilität des Geldwertes, also bei Inflation oder Deflation. In dieser Situation steht für den Unternehmer, aber auch für den einfachen Arbeiter der Wert der Arbeitsleistung in keiner äquivalenten Proportion mehr zu dem Wert des Einkommens. Für den einen kommt es zur ungerechtfertigten Bereicherung und im anderen Fall zu einer ungerechtfertigten Verarmung. Das zweite, für ihn fundamentale Problem und treibende Kraft des Kapitalismus liegt in dem Laster, welches er „die Liebe zum Geld" genannt hat. Dahinter verbirgt sich die Messung des Erfolges oder Mißerfolges an der einfachen Determinaten des materiellen Ergebnisses. So lange der Kapitalismus das Ziel erreichen konnte, Reichtum zu generieren, war dieses System vor Erschütterungen sicher. Sollte es aber ins Schwanken geraten, so würde es von auf Glaubensbekenntnissen beruhenden Systemen verwundbar werden, da diese dann eine höhere Anziehungskraft ausüben. Somit liegt die Herausforderung für einen Volkswirt in dem Erkennen des der Zeit entsprechenden richtigen Weges oder Form, um die Menschheit

---

[119] Vgl. D. Felix, Keynes A Critical Life, 1999, S. 199

aus der Armut in einen Kapitalismus des Reichtums zu führen. Für Maynard Keynes eine Frage der Ästhetik, Logik und des sehr wichtigen wachsamen Beobachtens. Eine erfolgreich entwickelte und angewandte Theorie ist in seinen Augen nicht mehr als eine stilisierte Repräsentation der dominierenden Strömungen in einer Zeit.

„Da die Fähigkeiten des einzelnen nicht ausreichen um eine Heilung des wirtschaftlichen Übels der Gesellschaft herbeizuführen, ist es notwendig halb autonome Körperschaften zu entwickeln, wie die Bank von England und andere Kooperationen. Durch die Trennung von Unternehmensleitung und Eigentümer wird eine sozialere Bestimmung der Unternehmensziele gewährleistet werden."[120]

Bereits im November 1924 hatte er in Oxford eine Vorlesung über Wirtschaftsphilosophie mit dem Titel „*The End of Laissez Faire*" gehalten. Die zusammengefaßte und um Fußnoten erweiterte Version erschien erst zwei Jahre später unter dem gleichen Titel. Heute wird dieses Buch als eines der beeindruckendsten Werke gesehen, die geschrieben wurden um eine sozial- und volkswirtschaftliche Philosophie für die Zeit zwischen den zwei Weltkriegen zu umreißen. Leider wies das Buch einige Fehler auf. Es erweckt den Eindruck, zu hastig geschrieben worden zu sein. Schumpeter bedauerte ausdrücklich, daß sich Keynes nicht noch zwei Wochen Zeit gegeben hatte um es zu überarbeiten. Aufgrund seiner Kürze verlangt fast jeder Vorschlag, der darin von Keynes gemacht wird, nach Weiterentwicklung, Kritik oder näherer Erklärung.

Zu diesem Zeitpunkt war er überwiegend damit beschäftigt gewesen, gegen den Goldstandard bei allen erdenklichen Institutionen zu insistieren. Seine Vorschläge für eine manipulierte Währung waren auf Widerstand gestoßen, da diese erweiterte Befugnisse für den Staat verlangten. Nun versuchte er seine Zuhörerschaft von den antiquierten Ideen des Individualismus und des Laissez faire zu befreien und seine Überlegungen verständlich darzustellen.

Die Ökonomen im achtzehnten- und neunzehnten Jahrhundert hätten ihre Theorie mit einer einfachen und provisorischen Hypothese begonnen. Sie propagierten, daß sich die effektivste Nutzung von Ressourcen bei der Anwendung des Prinzips der Profitmaximierung erreichen lasse. Die ideale Konsumptionsituation wird somit dadurch erzielt, indem man die Produkte an den Meistbietenden verkaufe, welches den sozialen Mechanismus des rücksichtslosen Kampfes um das Überleben auslöse. In Wirklichkeit aber sind die Voraussetzungen für die Theorie, daß selbständig und im Ei-

---

[120] R. Skidelsky, John Maynard Keynes The Economist as Saviour, 1994, S. 217 ff.

geninteresse handelnde Individuen die größte Menge an Reichtum erzeugen, nicht gegeben.[121] Es wird nicht auf den Zusammenhang zwischen Produktions- und Konsumptionsprozessen geachtet bzw. es g ibt keine Möglichkeiten um zu rechtzeitigen erforderlichen Kenntnissen zu gelangen, damit man rationale Entscheidungen treffen kann. Den Siegeszug des Laissez faire begründet er mit dem Fehlen eines adäquaten Ersatzes. Im neunzehnten Jahrhundert seien die Alternativen des Protektionismus und der Marxsche Sozialismus zu schwach gewesen um Abhilfe zu schaffen. Die moderne Wirtschaftswissenschaft dürfe nicht mehr auf die natürlichen ökonomischen Kräfte und die des Wettbewerbes bauen und dem Staat nur eine beschränkte Rolle gewähren. Die Hauptaufgabe sollte darin gesehen werden die Zuständigkeiten des Staates neu zu ordnen, um als weiterer Schritt ein erforderliches Maß an Steuerung zu implementieren.[122]

Somit lehnte Maynard Keynes die Politik des Laissez faire ab, noch bevor er eine überzeugende volkswirtschaftliche Theorie entwickelt hatte, um dies zu begründen. Doch wie in der gesamten ökonomischen Lehre nach Keynes ging dem Niederschreiben seiner Theorien eine langfristige psychologische und institutionelle Beobachtungsphase voraus. Dies schloß auch eine umfassende Neuorientierung der Beziehungen zwischen Volkswirtschaft und Politik mit ein. Im neunzehnten Jahrhundert sahen sich die Ökonomen mit einem liberalen politischen, von Geschäftsleuten dominierten System konfrontiert, welches die Prosperität der Volkswirtschaft garantierte. Maynard Keynes war der erste Ökonom, der diesen Zusammenhang in Frage stellte. Für ihn war der volkswirtschaftliche Wohlstand die einzig sichere Garantie für ein liberales politisches System. Aufgrund dieser Überlegung und Beobachtungen, die er machte, begründet die Zeit zwischen 1925-1928 nicht nur die Entstehung eines seiner bekanntesten Werke, sondern auch sein größtes politisches Engagement.

Auf der Grundlage des wirtschaftlichen Rückstandes und h oher Arbeitslosigkeit in Großbritannien machte er sich Gedanken über das aktuelle Parteiprogramm der Liberalen Partei. In einer Ansprache vor der Sommerschule der Liberalen nutzte er 1925 die Gelegenheit seine Einschätzung für den richtigen Weg kund zu tun. Für ihn war es Zeit für eine Partei, die frei von Klasseninteressen den Liberalismus hinter sich läßt und vielmehr die aktuellen Probleme aufgreift. Die höchste Priorität räumte er den folgenden Bereichen ein: Friede, Fragen der Regierung und Herrschaft, Sexuali-

---

[121] Vgl. D. Moggridge, Maynard Keynes An Economist´s Biography, 1992, S. 455

[122] Vgl. C. Hession, John Maynard Keynes, 1986, S. 298 ff.

tät, Rauschgift und wirtschaftliche Probleme. Als fortschrittlicher Denker seiner Zeit fiel bei seinen Ausführungen unter den Punkt Sexualität nicht nur die Geburtenkontrolle und der Gebrauch von Verhütungsmitteln, sondern auch die wirtschaftliche Stellung der Frau und Familie in der Gesellschaft, die Ehegesetzgebung, die Behandlung von Sexualdelikten und der Umgang mit sexuellen Abartigkeiten. Bei den wirtschaftlichen Problemen sprach er sich für eine Politik der kleinen Schritte aus. Obwohl die Theorie des mittleren Weges selbst für ihn noch etwas nebelhaft erscheint, sah er das kreative Potential der Freiheit und die praktische Möglichkeit eines mittleren Weges zwischen der Anarchie des Laissez faire und der Despotie des Totalitarismus.[123]

Doch mit welchen wirtschaftlichen Problemen, zu deren Lösung Maynard Keynes beitragen wollte, war Großbritannien zu diesem Zeitpunkt konfrontiert? Während sich die anderen Länder an den vermeidlichen „Goldenen Zwanziger Jahren" erfreuten, hatte sich die englische Wirtschaft nicht erholen können. Die Zahl der Arbeitslosen lag zwischen 1924-1929 bei über einer Million, aufgrund des Rückgangs des Außenhandels waren Kohle- und Textilindustrie sowie die Dock- und Hafenarbeiter am stärksten betroffen. Die Deflation der Einkommen und Profite, aufgrund der Rückkehr zur überbewerteten Goldwährung und dem eingesetzten Instrumentariums um die Parität halten zu können, hatte zu einem allgemeinen Preisrückgang, Schrumpfung der inländischen Kaufkraft und damit Verlust an Produktionsanreizen geführt.[124] Somit hatten die Unternehmer nach Keynes nur drei Möglichkeiten um aus der Misere herauszukommen: Verluste zu machen, welches dem Prinzip der Gewinnmaximierung entgegengesetzt war, die weniger ertragreichen Produktionen einzuschränken, welches kurzfristig aufgrund der Fixkostendeckung sehr problematisch ist, oder einen Versuch zu unternehmen die Arbeitslöhne zu senken, wobei bei dem Versuch das Letztere durchzusetzen der Generalstreik von 1926 provoziert wurde.

Bereits 1924 hatte eine Gruppe der Liberalen Partei mit einer zweijährigen Industriebefragung begonnen, um in Zusammenarbeit mit Wirtschaftswissenschaftlern und führenden Persönlichkeiten aus der Wirtschaft einen Weg zur Bewältigung der wirtschaftlichen Probleme zu finden. Insbesondere an den Teilbereichen „Organisation der Wirtschaft" und „Währung und Banken" des „Liberalen Gelbbuches", wie es genannt wurde, war Maynard Keynes, wenn nicht direkt, aber mit seinen Ideen vertre-

---

[123] Vgl. C. Hession, John Maynard Keynes, 1986, S. 308 ff.
[124] Vgl. R. Parker (Hrsg.), Weltgeschichte, Das zwanzigste Jahrhundert, Band 34, 1998, S. 111 ff.

ten. Die vollständige Untersuchung wurde erst 1928 unter dem Titel „*Die industrielle Zukunft Großbritanniens*" veröffentlicht. Maynard Keynes war sich bewußt, daß eine neue Theorie, die sich für eine Kontrolle des wirtschaftlichen Zyklus ausspricht, eine Alternative für die Liberalen darstellt. Gerade unter dem Schlagwort einer Beschäftigungspolitik gesehen, konnte man sich vom Protektionismus der Rechten und der Umverteilungspolitik der Linken abgrenzen.[125] In diesem Jahr wurde er gebeten, sich für die Liberale Partei in Cambridge aufstellen zu lassen, da im nächsten Jahr wieder allgemeine Wahlen anstanden. Er lehnte dies zwar ab, aber er unterstützte den Premierminister- Kandidaten Lloyd George, der dieses Amt bereits 1916-1922 inne gehabt hatte, mit mehreren Artikeln. Zusammen mit Hubert Henderson, dem Herausgeber der *Nation*, verfaßte er eine Streitschrift mit dem Titel „*Kann Lloyd George es schaffen - Ein Wahlversprechen auf dem Prüfstand*".

Dieser hatte angekündigt, die Arbeitslosigkeit binnen eines Jahres, ohne die Staatsverschuldung oder Kommunalsteuer zu erhöhen, durch öffentliche Ausgaben auf ein normales Maß reduzieren zu können. Durch ein Entwicklungsprogramm mit dem Umfang von 100 Millionen Pfund könnte die Arbeitslosenzahl um 200.000 reduziert werden. Nicht nur die Instandsetzung und Modernisierung des Straßen und Eisenbahnnetzes waren darin vorgesehen, sondern auch der jährliche Bau von zweihunderttausend Häusern, Telefon- und E lektrizitätseinrichtungen und die Landgewinnung durch Trockenlegung.

Keynes und Henderson argumentieren, daß durch jede Million, die für die Instandsetzung einer Straße ausgegeben wird, für mindestens fünftausend Menschen Arbeit geschaffen wird. Sie unterteilten die positiven Auswirkungen auf den Arbeitsmarkt in drei verschiedene Kategorien. Erstens die durch die Auflage des Programms direkt entstehenden Arbeitsplätze, zweitens die aufgrund der notwendigen Zulieferung für die erste Kategorie notwendigen Arbeitsplätze sowie die durch das gestiegene Einkommen und Expansion von Investitionen neu entstehenden Arbeitsplätze.

Erst 1930 sollte Richard Kahn in seiner Multiplikator-Theorie diese Auswirkungen wissenschaftlich nachweisen. Die Ausgaben für diese Großprojekte sollten von den dadurch entstandenen Steuereinnahmen und Einsparungen im Rüstungsbereich getragen werden. Eine weitere Möglichkeit der Finanzierung sahen sie in der Auflage von öffentlichen Anleihen. Dies hätte den Vorteil, daß die Spargelder, die momentan nur zur Arbeitslosenunterstützung verwendet werden und aufgrund des Kreditnachfrage-

---

[125] Vgl. R. Skidelsky, John Maynard Keynes The Economist as Saviour, 1994, S. 222

mangels nur nutzlos „herumlägen", sinnvoll verwendet werden könnten. Wobei Keynes auf den möglichen „crowding out-Effekt" hinweist, der aber bekanntlich nicht in einer Rezession entstehen kann.[126] Beide erkannten in dem Ungleichgewicht der Spareinlagen zu den Investitionen das ursächliche Übel der Situation. Ganz im unbeugsamen und selbstbewußten Stil von Maynard Keynes schließt die Schrift mit den Worten:

„Es gibt keinen Grund, warum wir uns nicht die Freiheit nehmen sollten, unternehmenslustig, weltoffen, experimentierfreudig und tatkräftig zu sein, warum wir nicht ausprobieren sollten, was alles möglich ist. Uns gegenüber, und uns den Weg versperrend, stehen nichts als ein paar alte Herren in hochgeknöpften Gehröcken, die bloß mit ein bißchen freundlicher Respektlosigkeit behandelt und mit dem Finger angetippt zu werden brauchen, um wie die Fliegen umzufallen. Höchstwahrscheinlich werden sie sogar selber Spaß daran gewinnen, wenn sie erst den Schreck überwunden haben."[127]

Obwohl Maynard Keynes für die Liberale Partei an mehreren Fronten kämpfte, so schrieb er Artikel in der *Nation*, verschiedenen Streitschriften und hielt Reden bei der Liberalen Sommerschule, konnte die Partei bei den allgemeinen Wahlen nur neunundfünfzig Sitze erringen. Dies markierte das Ende seiner aktiven beratenden politischen Laufbahn und er zog sich vorerst in seinen „Elfenbeinturm" nach Cambridge zurück.

4.7 Überdenken der orthodoxen Lehre und „A Treatise on Money" (1930)

Zurück an dem Ort seiner volkswirtschaftlichen Ausbildung beschäftige sich Keynes, neben seinen vielen Verpflichtungen in Cambridge und London, mit dem Überdenken der geläufigen ökonomischen Lehre. Er versuchte zu ergründen wie es zu der Anomalie „Arbeitslosigkeit inmitten eines Mangel" kommen konnte. Bereits Thomas R. Malthus und Karl Marx hatten die Selbstregulierungskräfte des Arbeitsmarktes in einem auf Privatinitiative begründeten Kapitalismus angezweifelt. Bisher war man davon ausgegangen, daß nach Jean Baptiste Say das Angebot eine

---

[126] Vgl. D. Moggridge, Maynard Keynes An Economist´s Biography, 1992, S. 462 ff.
[127] C. Hession, John Maynard Keynes, 1984, S. 323

entsprechende Nachfrage schafft, und somit eine Volkswirtschaft immer gegen Vollbeschäftigung strebt.

Maynard Keynes war ein Schüler und späterer Protegé von Alfred Marshall. Dessen 1890 erschienenes Werk „*Principles of Economics*" bildete die Grundlage für das volkswirtschaftliche Denken in Großbritannien und den Vereinigten Staaten. Da fast die Hälfte der Lehrstühle für Volkswirtschaft von Marshalls Schülern besetzt waren, die für eine weite Verbreitung seiner Theorien sorgten, konnte er die angelsächsische Wirtschaftswissenschaft fast ein halbes Jahrhundert beeinflussen. In Marshalls Theorien findet man die Überzeugung wieder, daß, von Ausnahmefällen abgesehen, genügend Nachfrage in einer Volkswirtschaft für einen vollen Einsatz aller Produktionsfaktoren vorhanden sei. Sein Nachfolger auf den Lehrstuhl für politische Ökonomie in Cambridge Alfred C. Pigou hatte sich mit der Arbeitslosen-Problematik nur insoweit beschäftigt, da er nachgewiesen hatte, daß es bei vollständig flexiblen Löhnen nur an Reibungspunkten zu einer kurzfristigen Arbeitslosigkeit kommen kann. Auch die Quantitätstheorie nach Prof. Irving Fisher beruhte auf der Grundlage des Sayschem Theorems, also Vollbeschäftigung. Sie verlor, wie er selbst zugab, in sogenannten Übergangsperioden, bei denen nicht Vollbeschäftigung herrschte, ihre Gültigkeit.

Das Einreißen der alten Festen in der Volkswirtschaftslehre erwies sich um so schwieriger, da es sich nicht nur um ein intellektuelles Phänomen, die sogenannte Cambridge-Schule, handelte, sondern da diese Gruppe sich auf gemeinsam geteilte politische und soziale Überzeugungen begründete. Die Tradition der Ökonomischen Lehre in Cambridge ließ sich bis Malthus zurückverfolgen, der den Grundstein für viele weitere sehr bekannte Persönlichkeiten auf diesem Gebiet legte.[128]

Ein Infragestellen der überlieferten Theorie hätte also auch weitreichende Folgen für Gebiete, die außerhalb der Volkswirtschaftslehre lagen. Nicht loslassen wollend bezeichnete Maynard Keynes 1927 John A. Hobson als Häretiker oder Spinner, als dieser, entgegengesetzt der Lehre nach Marshall, die These propagierte, daß Arbeitslosigkeit aufgrund eines Übermaßes an Spareinlagen entstehen kann. Dies obwohl er selber in seinem 1930 veröffentlichen Werk von der Theorie des Übersparens bzw. der Unterkonsumption schreibt und Anerkennung ausspricht für den Versuch von Hobson, den Einfluß der Spar- und Investitionstätigkeit auf das Preisniveau und auf den Kreditzyklus zu analysieren. Wobei dieser absoluter

---

[128] Vgl. R. Skidelsky, John Maynard Keynes The Economist as Saviour, 1994, S. 410

Überzeugungswandel bei Maynard Keynes öfters zu beobachten ist und als Ausdruck seiner Selbstkritik und seines flexiblen Geistes verstanden wird. Man kann erkennen, daß sich die Wirtschaftswissenschaft zu dieser Zeit in einer Stimmung des Umbruchs befand und es schon lange begonnen hatte hinter den Kulissen zu brodeln, aber es bedurfte eines einschneidenden Ereignisses, nämlich der Weltwirtschaftskrise, um den Vulkan zum Ausbruch zu bringen und die Volkswirtschaft von dem Staub der Jahrhunderte zu befreien.

Gemeinhin wird mit dem Begriff Weltwirtschaftskrise jener Konjunktureinbruch bezeichnet, der in den Jahren 1929 bis 1933 die Weltwirtschaft in einem bis dahin nicht gekannten Ausmaß traf und zur größten wirtschaftlichen Katastrophe der Neuzeit wurde. Die Krise von 1929 bis 1933 betraf vor allem die USA und Deutschland, die mitunter politisch reagierten. Ein unbändiger Konjunkturoptimismus und der Glauben an eine anhaltende Prosperität der amerikanischen Wirtschaft führte in den USA zu umfangreichen Aktienspekulationen. So hatten sich zwischen 1927 und 1929 die Aktienkurse verdoppelt. Am Freitag, dem 25. Oktober 1929, dem so genannten Schwarzen Freitag, kam es in New York zu massiven Kursstürzen und in der Folge zum Konjunktureinbruch. Liquiditätsschwierigkeiten sorgten für Kündigungen von Krediten in den USA und zu Rückrufen der nach Europa gegebenen, zumeist kurzfristigen Darlehen, die dort als langfristige Kredite an die Industrie vergeben worden waren. Davon war vor allem Deutschland betroffen, das sich zur Erfüllung von Reparationsverbindlichkeiten und zur Modernisierung der durch Kriegs- und Nachkriegsereignisse entwerteten Produktionsanlagen im Ausland hoch verschuldet hatte. In Deutschland führte diese Entwicklung zu einer schweren Bankenkrise, zu zahlreichen Konkursen sowie zu Massenarbeitslosigkeit. Weltweit sorgte die Krise für einen Zusammenbruch des internationalen Zahlungsverkehrs. Mit der Weltwirtschaftskrise endete in den westlichen Ländern die Phase des Liberalismus mit seinem Glauben an die Selbstheilungskräfte der Wirtschaft. An dessen Stelle trat die Überzeugung, daß zur Überwindung einer derartigen Wirtschaftskrise eine aktive staatliche Konjunkturpolitik notwendig sei.[129]

Bereits Mitte 1925 hatte Maynard Keynes begonnen, an einem Buch mit dem Titel „The Standard of Value" zu arbeiten. Doch aufgrund seiner Heirat, dem Schreiben von „A Short View of Russia" und „The End of Laissez fair" kam er nur langsam vor-

---

[129] Vgl. M. North, Das Geld und seine Geschichte, 1994, S. 185 ff.

an. Nachdem er das Inhaltsverzeichnis mehrere Male überarbeitet hatte, wurde ihm bewußt, daß dieses Werk einen größeren Umfang annehmen werde als ursprünglich gewollt. Als er es 1929 abschließend überarbeitete, entschloß er sich es auf zwei Bücher aufzuteilen. Während er zwischenzeitlich Dennis H. Robertson bei der Entstehung und Herausgabe seines Buches „*Money*" (1928) half, und seinen vielen anderen Verpflichtungen nachkam, konnte er bis 1928 vier Fünftel des Buches fertigstellen. Wobei ihm Roy Harrod, Robertson und Pigou nicht nur als Diskussionspartner sondern auch als Lektoren zur Seite standen. In der Politik und Wirtschaftspolitik arbeite Maynard Keynes sehr nah mit Hubert Henderson zusammen, aber in der Volkswirtschaftslehre und vor allem bei der Findung der volkswirtschaftlichen Theorien war sein Partner Dennis Robertson. Somit ist es fast unmöglich zu sagen, welche Ideen in der Zeit von 1913-1930 von wem stammten.[130]

Das Jahr 1929 brachte nicht nur die Wahlniederlage der Liberalen Partei und somit das Ende der politischen Involvierung von Keynes, die Weltwirtschaftskrise und die Berufung von Keynes in das Macmillan-Komitee zur Untersuchung von Finanzen und Industrie, sondern auch die Fertigstellung seiner Abhandlung über das Geld.

Das im Dezember 1930 erschienene Werk ist nicht für ein breites, sondern für ein fachkundiges Publikum geschrieben und entbehrt der sonst seine Schriften kennzeichnenden Leichtigkeit. Ein Kritiker äußerte sich folgendermaßen:

> „Wenn man den „*Treatise*" in Kenntnis der anderen Schriften von Keynes liest, kann man sich in der Tat des Eindruckes nicht erwehren, es mit einem charakterlich verändertem Keynes zu tun zu haben, mit einem Keynes, der den Professor zu spielen versucht, und dazu auch noch den Professor teutonischer Art."[131]

Die Schwerfälligkeit seines Werkes begründet Maynard Keynes in seinem am 14. September 1930 geschriebenen Vorwort:

> „Als ich die Druckfahnen dieses Buches gelesen habe, wurde es mir akut bewußt, welche Fehler es beinhaltet. Es hat mich über mehrere Jahre beschäftigt. Nicht frei von anderen Verpflichtungen, haben sich meine Vorstellungen entwickelt und verändert, mit dem Ergebnis, daß manche Teile untereinander nicht harmonieren. Die Ideen, mit denen ich geendet habe, sind weit von den Ideen entfernt, mit denen ich begonnen hatte. Das Er-

---

[130] R. Skidelsky, John Maynard Keynes The Economist as Saviour, 1994, S. 272

[131] C. Hession, John Maynard Keynes, 1986, S. 341

gebnis ist, so befürchte ich, daß ein großer Teil des Buches den Prozeß beschreibt, mich von den alten Ideen zu lösen und meinen Weg zu denen zu finden, die ich nun vertrete. Die Seiten dieses Buches sind übersät mit Häuten, die ich unterwegs abgestreift habe. Daraus folgt, daß ich es sehr viel besser und kürzer schreiben könnte, wenn ich noch einmal beginnen würde."[132]

Wie schon erwähnt besteht das Werk aus zwei Bänden. Der Erste, der "*Die reine Geldtheorie*" genannt ist, besteht aus sieben Büchern und ist weiter in achtunddreißig Kapitel unterteilt. Aufgrund der, wie er selber zugab, teilweisen Disharmonie innerhalb der Kapitel ist es sehr schwierig, insbesondere den zweiten Band in Kürze zusammenzufassen oder auch nur inhaltlich kongruent darzustellen. Der geneigte Leser möchte es verzeihen, wenn auch die folgenden Ausführungen dies widerspiegeln.

Im ersten Buch gibt Maynard Keynes einen Einblick in die Entstehungsgeschichte des Geldes, der verschiedenen Geldarten, der Geldmengenabgrenzungen und die Möglichkeiten der Geldschöpfung oder Vernichtung, um dann auf die verschiedenen Währungssysteme einzugehen. Bewandert in aktuellen und historischen Ereignissen veranschaulicht er diese Thematik, indem er einen Abriß von Ricardo bis zum System der Federal Reserve Bank, die für ihn dem umfangreichsten System einer manipulierten Währung nachgeht, gibt. Nachdem er den Unterschied zwischen kurz- und langfristigen Einlagen heraus gearbeitet und auf die Bedeutung von Schecks und Überziehungskrediten hingewiesen hat, kommt er zu der Einschätzung, daß der Bankkredit für das moderne Geldwesen eine besondere Charakteristik darstellt und bei dem Kreislauf des Geldes eine grundsätzliche Unterscheidung getroffen werden müsse. Diese besteht darin, daß die Geldströme zwischen dem Sektor der Haushalte und dem der Unternehmen in einem inversen Verhältnis stehen und nicht unbedingt übereinstimmen müssen. Seinen mathematischen Hintergrund nicht verleugnen könnend, erörtert er im zweiten Buch die Kaufkraft des Geldes und die Entstehung und Verwendung von Indexzahlen.

Erst im dritten Buch des ersten Bandes, mit dem Titel „Die fundamentalen Grundgleichungen", kommt Keynes zu einer wesentlichen theoretischen Neuerung. Dieser Teil entspricht der Klärung des kausalen Zusammenhanges für die Bestimmung des Preisniveaus. Statt wie in der Quantitätstheorie üblich von einer Gesamtmenge des Geldes auszugehen, zerlegt er die Geldnachfrage je nach der Art und Weise ihrer

---

[132] Vgl. J.M. Keynes, A Treatise on Money, Band 1, 1950, S. vi

Verwendung. Er zerlegt den Strom gesellschaftlicher Erträge oder Geldeinkommen einerseits in Einkommen aus Investitionsgüter- und Konsumgüterproduktion und andererseits Ausgaben für den Erwerb von Konsumgütern oder für die Verwendung als Spareinlagen, wobei keine Gewähr dafür besteht, daß diese Größen in der Endsumme übereinstimmen, da sie von unterschiedlichen Bevölkerungsgruppen beeinflußt werden. Basierend auf seinen Gleichungen stellt er fest, daß das Preisniveau der Konsumgüter proportional über oder unter deren Produktionskosten liegt, wie das Sparvolumen die Produktionskosten der Neuinvestitionen unterschreitet bzw. übersteigt. Daraus folgt, ist das Sparvolumen höher als die Investitionsaufwendungen machen die Produzenten Verluste, übersteigen die Investitionsaufwendungen das Sparvolumen, machen sie Gewinne.[133]

Ein weiterer Punkt ist die Betrachtung der zukunftsbezogenen Preiserwartungen des Marktes und die Einschätzung der Unternehmer, ob sich der Zinssatz positiv oder negativ entwickeln wird. Da er die normale Vergütung des Unternehmers unter die Produktionskosten rechnet, ist diese Betrachtung besonders wichtig. Der Unternehmer macht unerwartete Gewinne oder Verluste, wenn seine Erträge über oder unter den Produktionskosten liegen. In diesem Zusammenhang kommt er auch auf die Unterscheidung und den Zusammenhang der Profit- und Einkommensinflation zu sprechen. Obwohl er sich darauf beruft, daß seine Gleichungen nur abstrakte Wahrheiten widerspiegeln, sieht er ihren Wert in der Anwendung auf empirische Fakten in der Realität und die daraus resultierende Möglichkeit, den Zusammenhang von Ursache und Wirkung aufzuzeigen. Er kommt zu dem Schluß, daß die Wirtschaft dann in einem Gleichgewicht ist, wenn der geltende Marktzins dem natürlichen Zins entspricht. Somit ist der realistisch am wichtigsten kontrollierbare Faktor der Bankdiskontsatz. Konjunkturelle Auf- und Abbewegungen basieren letztendlich auf Schwankungen im Verhältnis von Spareinlagen zu Investitionen, wobei diese durch das Abweichen des Marktzinses vom natürlichen Zins entstehen.

Die Unterscheidung von natürlichem Zins und Marktzins wurde bereits 1898 von dem schwedischen Ökonomen Kurt Wicksell in seinem Buch „*Interests and Prices*" getroffen. Darin beschrieb er, daß wenn der natürliche Zins über dem Marktzins liegt, Unternehmer investieren um die Produktion auszuweiten, was zu Preiserhöhungen und Voraussetzungen für einen Boom führt, und vice versa. Keynes Ziel, eine Preis-

---

[133] Vgl. J. M. Keynes, A Treatise on Money, Band 1, 1950, S. 135 ff.

und Wirtschaftsstabilität zu erhalten, lag somit darin, den Marktzins gleich oder wenig unter dem natürlichen Zins zu halten.[134]

Bisher hatte die Betrachtung den Außenhandel ausgeschlossen. Bezieht man den Außenhandel mit ein, so schreibt er, ist es für das äußere Gleichgewicht erforderlich, daß die Auslandsguthaben (Handelsbilanzüberschuß) sich ausgleichen mit der Nettoauslandsverschuldung. Somit ist für den Gleichgewichtszustand in einem internationalen System die Bedingung gegeben, daß die Investitionen gleich den Spareinlagen und die Guthaben gleich den Verpflichtungen sind. Auch dieses System kann wieder durch den Bank- Diskontsatz ins Ungleichgewicht gebracht werden, nämlich wenn er zugunsten der Guthaben/Verpflichtungen in die Gleichung eingesetzt wird und somit das interne Gleichgewicht stört.[135]

Nach der ausführlichen Erörterung von alternativen Grundgleichungen, zum Beispiel der „Cambridge"-Quantitätsgleichung nach Pigou oder der Gleichung nach Irving Fisher, wendet er sich der Untersuchung der Geldpolitik zu. Wie schon erwähnt, unterscheidet Maynard Keynes zwischen dem finanziellen, gebildet aus Börsengeschäften oder Transaktionen auf dem Geldmarkt, und dem industriellen, bestehend aus Einlagen die für die Industrie verwendet werden, Kreislauf des Geldes. Bei beiden Kreisläufen untersucht er die diese beeinflussenden Faktoren und die jeweilige Umlaufgeschwindigkeiten der Einlagen. Weiter versucht er zu ergründen, in wie weit Hausse- oder Baisse- Bestimmungen die finanzielle Zirkulation beeinträchtigen können. Für ihn liegt die Lösung für eine Einhaltung der Preisstabilität darin, daß man durch eine Steuerung der Geldmenge über den Zinssatz beiden Kreisläufen genau soviel Geld zukommen läßt, daß deren Auswirkungen auf die Investitionstätigkeit im Gegensatz zu der Wirkung auf die Boomstimmung stehen. Das Hauptkriterium für die Entscheidung einer Intervention ist das Abschätzen der möglichen Folgen, die eine solche auf das Gleichgewicht zwischen den Spareinlagen und neuen Investitionen haben kann.[136]

Wieder Bezug nehmend auf seine Grundgleichungen, untersucht er genau die Gleichgewichtsstörungen im Preisniveau, hervorgerufen durch monetäre, investitionsspezifische oder industrielle Faktoren und läßt auch nicht die außenwirtschaftlichen Strö-

---

[134] Vgl. D. Felix, Biography of an Idea, 1995, S. 67 ff.
[135] Vgl. J. M. Keynes, A Treatise on Money, Band 1, 1950, S. 185 ff.
[136] Vgl. J. M. Keynes, A Treatise on Money, Band 1, 1950, S. 257

mungen außer Acht. Zuvor aber behandelt er mit Schaubildern und „furchterregenden" Gleichungen die reine Theorie der Kreditzyklen.

Der zweite Band seines Werkes trägt den Titel „*Die angewandte Geldtheorie*" und besteht aus drei Büchern mit insgesamt siebzehn Kapiteln. In diesem Band wendet Maynard Keynes seine vorher entwickelte und explizit dargelegte Theorie in der Praxis an und läßt einen Einblick in sein umfassendes Wissen des europäischen und amerikanischen Bankensystems gewinnen.

Er untersucht detailliert und statistisch Bankeinlagen, Umlaufgeschwindigkeiten und Geschäftstätigkeiten der Banken in Amerika, England und teilweise Deutschland.[137] Anhand eines Beispiels aus der Wirtschaftsgeschichte, mit der Überschrift der „Spanische Schatz", untersucht und erklärt er den Einkommensumverteilungseffekt einer Inflation, die Europa im sechzehnten und siebzehnten Jahrhundert heimgesucht hatte. Viel wichtiger ist die folgende Untersuchung der Konjunkturzyklen in Großbritannien seit dem letzen Jahrhundert. Als Ursache der Depression 1890 sieht er eine anhaltende Warendeflation. Der Kriegsboom hingegen, der von 1914 bis 1918 die Konjunktur bestimmte, hatte eine Profit- und Einkommensinflation zur Folge, die den britischen Steuerzahler schwer zu schaffen machte. Eine falsche Steuerpolitik während den Kriegsjahren ließ die Rentiers überhöhte Forderungen an den Staat stellen. Selbst während des Booms nach Beendigung des Krieges in den Jahren 1919 und 1920 blieben die inflationären Tendenzen bestehen. Obwohl durch den darauffolgenden Konjunktureinbruch teilweise gedämpft, war das Zulassen einer wirtschaftlichen Boom- Phase im Sinne des nationalen Wohlstandes ein Fehler gewesen. Er wirft der Politik ein schweres Vergehen vor, da es Un terlassen wurde den Kurs des Pfund Sterling auf dem Stand von Ende 1920 zu stabilisieren. Dies hätte aufgrund der bestehenden Einkommensinflation bedeutet, den Kurs 175 Prozent über den Vorkriegswert festzulegen, aber es hätte die Effektivschuldenlast verringert und das Arbeitslosenproblem nicht entstehen lassen.

Mit der selben Vehemenz greift er die Rückkehr zur Goldwährung an und in Verbindung mit dem ersten Band seines Werkes führt er die Ursachen und Folgen dieser aus.[138]

Da diese Problematik schon in seinem „*A Tract on Monetary Reform*" ausgeführt wurde, ist es von größerem Interesse sich seinen Ausführungen über den Konjunktur-

---

[137] Vgl. J. M. Keynes, A Treatise on Money, Band 2, 1950, S. 3 ff.

[138] Vgl. J. M. Keynes, A Treatise on Money, Band 2, 1950, S. 148 ff.

einbruch in den Vereinigten Staaten zuzuwenden. Obwohl er in einem früheren Artikel über die amerikanische Wirtschaft eine dort herrschende Inflation negiert hatte, gibt er nun zu, daß sich in den Jahren 1928 und 1929 eine echte Profitinflation entwickelt hatte und mit dem Börsenkrach von 1929 eine der größten Hausse-Bewegungen ein abruptes Ende gefunden hatte. Den Grund für das nun folgende Konjunkturtief sieht er nur sekundär im Zusammenhang mit dem Zusammenbruch, primär führt er es auf den Abschreckungseffekt zurück, der durch die Periode des teuren Geldes und der damit zusammenhängenden sinkenden Investitionsneigung entstanden ist. Daraus resultierte eine sinkende wirtschaftliche Tätigkeit und somit ein Brachliegen des vorhandenen Betriebskapitals. Zudem wurde die Situation durch die „psychologische" Armut, ausgelöst von dem Fall des Papierwertes und der steigenden Sparneigung, verschärft. Er versucht also die Ursachen für den Ausbruch der Weltwirtschaftskrise mit seiner Spar- Investitionstheorie zu begründen.

Bevor er das Thema abschließt, warnt er die Nationen vor falschen Hoffnungen. In seinen Augen wird es zu keiner vollständigen Erholung der wirtschaftlichen Lage kommen, dies wäre erst möglich, wenn die langfristigen Zinsen weltweit sinken und sich dem Wert von vor dem Krieg angenähert haben. Bis dahin wird der deflationäre Druck auf den Profit und ein fallendes Preisniveau weiterhin bestehen bleiben.[139] Er warnt davor, daß falls diese Tendenzen nicht aufgehalten werden, das kapitalistische System durch den Sozialismus ersetzt werden kann. Wobei auch diese Überlegung in seinem vorangegangenen Werk Eingang gefunden hatte.

In einem weiteren Kapitel beschäftigt er sich mit dem System von Zentralbanken und in diesem Zusammenhang mit den Problemen und Methoden der nationalen und internationalen Währungswirtschaft.

Ein sehr bekannter Abschnitt seines Werkes beschäftigt sich, nach alter Bloomsbury-Manier, mit der „Verfluchten Gier nach Gold" *Auri Sacra Fames*. Er zitiert Freud und andere bekannte Psychoanalytiker seiner Zeit, um die rhetorische Frage zu stellen, warum ausgerechnet er auserkoren wurde, um gegen das Gold „anzukämpfen".

An die kurz zuvor gegründeten Bank für Internationalen Zahlungsausgleich und die bestehende Möglichkeit einer internationalen Lenkung des Goldwertes nach der von ihm entwickelten, internationalen Preisindexwährung knüpft er seine Hoffnungen, daß seine negativen Szenarien nicht eintreffen mögen. Er schließt mit der Hoffnung und dem Ausblick, daß die Geldtheorie nun einen entscheidenden Schritt voran ge-

---

[139] Vgl. J. M. Keynes, A Treatise on Money, Band 2, 1950, S. 190

kommen ist und in die reale Welt übertragbar sei, da ein Verständnis für Detailvorgänge entwickelt wurde, auch wenn sich das ökonomische System nicht in einem statistisch optimalen Gleichgewicht befindet.[140]
Schon in der Einleitung seines Werkes hatte er dem Leser zu verstehen gegeben, daß er mit dem Endergebnis nicht einverstanden war. Die Kritiken, die ihn nach der Veröffentlichung erreichten, dürften ihn also nicht allzu hart getroffen haben. Ein Professor und Kollege von Keynes schrieb, daß er dieses Werk für sehr scharfsinnig und bahnbrechend hält, obwohl er - zugegeben - nicht alles verstand. Ein Ökonomie-Professor der Harvard Universität sah in diesem Buch eine seltene Kombination von Scharfsinnigkeit und theoretischer Analyse, Verständnis von mathematisch statistischen Methoden und glücklicher Wortwahl. Aber er fand die wichtigen Stellen schwer zu verstehen und führte dies wohl auf seine eigene „Unfähigkeit" zurück die Zusammenhänge zu erkennen. Auch aus den e igenen Reihen mußte Keynes Kritik akzeptieren. Sein größter Kritiker war und blieb er selber. Sein Modell der Volkswirtschaft nahm ein konstantes Produktionsvolumen bei Vollbeschäftigung an, somit hatte er unverschuldet die klassische Annahme der Theorie getroffen, die er zu widerlegen versucht hatte. Dies sollte als die „Täuschung a la Krug der Witwe" bekannt werden. Nur zwei Monate nach der Veröffentlichung sah er die Dinge viel deutlicher und berichtete über das Bedürfnis, noch einmal von Vorne zu beginnen.[141]
Die Möglichkeit, seine Theorien und sein umfassendes Wissen über die aktuelle Problematik einbringen zu können, bekam er noch bevor sein Buch veröffentlicht wurde. Schon im November des Jahres 1929 war er in das Macmillan-Komitee berufen worden. Der Zeitpunkt war für ihn, wie schon damals bei der indischen Währungskommission, optimal. Auch hier befaßte er sich mit großer Hingabe mit der Zeugenbefragung und sagte sogar selber über einen Zeitraum von acht Tagen aus. Neben den unzähligen Memoranden, die Maynard Keynes für dieses Gremium schrieb, verteilte er auch unter den Mitgliedern Probeabzüge seines noch nicht erschienenen Buches. Manche der Sitzungen sollen einer Universitätsvorlesung mit Keynes als Referent geglichen haben.[142]
Die problematische Lage Großbritanniens lag insbesondere darin begründet, daß es die Zinssätze, um der Wirtschaft einen Impuls zu geben, nicht unter Weltniveau sen-

---

[140] Vgl. C. Hession, John Maynard Keynes, 1986, S. 352
[141] Vgl. D. Felix, Biography of an Idea, 1995, S. 78 ff.
[142] Vgl. D. Moggridge, Maynard Keynes An Economist 's Biography, 1992, S. 482

ken konnte. Eine Zinssenkung hätte einen Kapitalexport in die Zins-stärkeren Länder zur Folge gehabt. Da die Zahlungsbilanz momentan nicht durch einen Exportüberschuß auszugleichen war, würde Gold abfließen und letztendlich die Aufrechterhaltung des Goldstandards in Frage stellen.[143]
Ein weiterer hart umstrittener Diskussionspunkt war die Überlegung, die Wirtschaft durch ein staatliches Beschäftigungsprogramm aus der Depression zu führen. Insbesondere die Finanzierung dieses Programmes, ohne das dem Privaten Sektor Kapital entzogen werden würde, sorgte für erhitzte Gemüter. Zwar hatten Keynes und Henderson bereits in der Verteidigungsschrift von Lloyd George den Multiplikator- Effekt von staatlichen Programmen angesprochen, aber er war noch nicht als solcher in die Volkswirtschaftslehre eingegangen. Letztendlich war zwar die Handschrift von Maynard Keynes in dem Abschlußbericht der Kommission zu erkennen, doch sein Beschäftigungsprogramm wurde nicht als Empfehlung mit aufgenommen. Dagegen sprach sich der Bericht für eine manipulierte Währung aus, um wieder zu einem hohen Produktions- und Beschäftigungsstandard zu gelangen.
In einem weiteren Gremium, dem wirtschaftlichen Beraterstab der Regierung MacDonald, in welchen er im Januar 1930 berufen wurde, kam es zu ähnlichen Diskussionen. Das Komitee war ins Leben gerufen worden um einen Ausweg aus der wirtschaftlichen Misere und eine Möglichkeit zur Wiederbelebung der Wirtschaft zu finden. In dieser Runde fanden sich Volkswirte wie Pigou, Henderson und Robbins wieder, wobei Maynard Keynes den Vorsitz inne hatte. Vor allem die Forderung von Keynes, während der Konjunkturkrise neben den erhöhten Staatsausgaben auch noch Importbeschränkungen einzuführen, sorgte hier für erhebliche Unruhe. Doch der Diskussion über den Protektionismus wurde durch die Aufhebung des Goldstandards 1931 letztendlich die reale Grundlage entzogen. Durch den Fall des Pfund Sterling wurde der so dringend notwendige Impuls für den Export und somit Richtung Zahlungsbilanzgleichgewicht auch ohne Importbeschränkungen gegeben.[144]

---

[143] Vgl. R. Parker (Hrsg.) Weltgeschichte, Das zwanzigste Jahrhundert, Band 34, 1998, S. 115
[144] Vgl. C. Hession, John Maynard Keynes, 1986, S. 354 ff.

4.8 Erkenntnisse der Weltwirtschaftskrise und „The General Theory" (1936)

„Wir befinden uns an einem Punkt des Übergangs. Er wird als nationale Krise bezeichnet. Aber dies ist nicht richtig - für Großbritannien ist die größte Krise vorbei. Es besteht eine gewisse Taubheit in unseren Angelegenheiten. Wir ruhen uns, heute im Herbst 1931, in stillen Gewässern zwischen zwei Wasserfällen aus. Nahezu niemand in England glaubt jetzt noch an die Friedensverhandlungen in Versailles oder an den Goldstandard der Vorkriegszeit oder an die Politik, die eine Deflation gebracht hatte. Diese Gefechte sind gewonnen worden - großenteils aber aufgrund des unausweichlichen Drucks der Ereignisse und nur sekundär aufgrund der langsamen Untergrabung von alten Vorurteilen. Aber viele von uns haben jetzt nur eine vage Idee, was als nächstes zu tun ist und wie die wiedergewonnene Freiheit Entscheidungen zu treffen eingesetzt werden soll."[145]

schrieb Maynard Keynes im Vorwort seiner *„Essays in Persuasion"*, die im Oktober 1931 veröffentlicht wurden. Die Entwicklungen in dieser Zeit hatten gezeigt, daß Maynard Keynes nicht unbegründet die Mißstände in Großbritannien angeklagt hatte. Sogar die *Times*, die sich geweigert hatte die *„Konsequenzen von Mr. Churchill"* zu veröffentlichen, war nun für seine Überlegungen offen. Gerade in den 30-er Jahren wurde durch dieses Medium seine wichtigsten Ratschläge bezüglich der Wirtschaftspolitik verbreitet.

Seine bereits 1920 entwickelten Überlegungen fanden nun, ein Jahrzehnt später, ihre Anwendung in der Realität und ermöglichten, Großbritannien vor den tiefgreifenden Auswirkungen der Weltwirtschaftskrise zu bewahren. Teilweise von ihm inspiriert, aber sicher von ihm befürwortet, befolgte man nun eine Politik des „billigen Geldes". Das Pfund Sterling wurde auf einem niedrigen Wechselkurs zum Dollar gehalten und die langfristigen Zinsen wurden gesenkt. All dies zeigte die erwarteten Auswirkungen. Somit konnte sich die Zahlungsbilanz verbessern und es setzte ein Aufschwung auf dem Sektor der privaten Baubranche ein, welcher dazu beitrug die volkswirtschaftliche Aktivität wieder zum Leben zu erwecken. Allerdings ging die Erholung nur sehr langsam von statten und sie war Besorgnis erregend unvollständig, da bis Mitte der 30-er Jahre die Arbeitslosenzahl nicht unter zwanzig Prozent fiel. Ein weiterer Punkt, gegen den Keynes lange Zeit gekämpft hatte, kam im Juli 1932 endlich

---
[145] R. Skidelsky, John Maynard Keynes The Economist as Saviour, 1994, S. 431

zu einem Ende. Bei der Konferenz in Lausanne wurden die Reparationzahlungsverpflichtungen für Deutschland aufgehoben und Großbritannien leistete die letzte Zahlung der Kriegsschulden im Dezember 1933 an die Vereinigten Staaten.[146]
Die Rückkehr von Maynard Keynes in die Theorie und die Arbeit an seinem größten Werk „*General Theory*" ging mit der Analyse der Weltwirtschaftskrise einher. Im Gegensatz zu seinem Vorgänger war dieses Buch weder von großen Veränderungen im Preisniveau inspiriert worden, noch stand es mit einer politischen Kampagne im Zusammenhang. Der Hintergrund dieses Werkes ist vielschichtiger, es basierte nicht nur auf der Weltwirtschaftskrise, sondern auch auf deren Auswirkungen auf die Politik und sozialen Bedingungen, insbesondere die Verbreitung des Kommunismus und Faschismus. Bekanntschaft mit den Auswirkungen hatte Keynes in Cambridge gemacht. Die Apostel der jüngeren Generation fühlten sich genau von diesen Gruppen angezogen und um „dem ganzen einen Riegel vorzuschieben" hatte Keynes die Versammlungen, die dieses Gedankengut verbreiteten, verboten. Es muß ihn getroffen haben, nach dem Krieg zu erfahren, daß einige seiner ehemaligen Studenten als Maulwürfe im zweiten Weltkrieg tätig waren.[147]
Wie schon erwähnt, konnte sich die britische Wirtschaft Anfang der 30-er Jahre für eine kurze Zeit erholen, aber ab Herbst 1932 begannen erneut Probleme aufzutreten. Neben der nicht sinkenden Arbeitslosenzahl begann trotz außergewöhnlich niedrigen Zinsen das Produktionsvolumen zu fallen. Keynes sah als einzigen Weg aus der Depression und Arbeitslosigkeit eine sofortige Erhöhung der Staatsausgaben. Zusammen mit Hubert Henderson hatte er dies schon in der Streitschrift für Lloyd George gefordert gehabt, aber nun hatte er auch eine wissenschaftliche Bestätigung durch Richard Kahn und seine 1931 veröffentlichte Multiplikator-Theorie. Dieser war einer der Schüler und späteren Kollegen, die Maynard Keynes auf seinem Weg als Volkswirt begleiteten und bei der Diskussion seiner Theorien halfen.
Die Gruppe junger Leute, die Keynes zur Seite standen, wird in der Literatur als der „Cambridge-Zirkus" erwähnt und bestand aus Richard Kahn, Piero Sraffa, Austin Robinson, Joan Robinson und James Meade, die nicht nur in Cambridge, sondern auch häufig aufgrund von Einladungen in dem Landhaus Tilton mit Maynard Keynes zusammentrafen.[148]

---

[146] Vgl. R. Skidelsky, John Maynard Keynes The Economist as Saviour, 1994, S. 433
[147] Vgl. C. Hession, John Maynard Keynes, 1986, S. 366
[148] Vgl. R. Skidelsky, John Maynard Keynes The Economist as Saviour, 1994, S. 447

Die Zeitspanne von 1931 bis 1939 in Maynard Keynes Leben brachte nicht nur sein größtes Werk und den Tod von zwei Bloomsbury-Freunden, sondern auch wiederholte Reisen in die Vereinigten Staaten. Aufgrund einer Einladung der Universität Chicago hielt er 1931 einen Vortrag mit dem Titel „*Die Arbeitslosigkeit als weltweites Problem*". Im Zuge dieses Aufenthalts traf er auch mit New Yorker Geschäftsleuten, Beamten der Federal Reserve Bank und Präsident Hoover zusammen. Zwar benutzte er zu diesem Zeitpunkt immer noch die Termini des „*Treatise*", aber er richtet sein Augenmerk nicht mehr auf Preisniveauveränderungen, sondern auf die Veränderungen im Produktionsvolumen. Auch in seinen Vorlesungen wich er nun von seiner Spar- und Investitions-Terminologie ab und gibt der Untersuchung von Produktions- und Beschäftigungsvolumen den Vorzug.

Wie schon zuvor benutzte Keynes seine Vorlesungen und deren Aufzeichnungen als konstruktive Arbeit an der Entwicklung und als Grundlage für seine Werke. Ein Student, der das Glück hatte bei ihm in der Zeit von 1932-1935 zu hören, berichtet:

„Als ich zu der ersten Vorlesung ging war ich natürlich eingeschüchtert, wenn nicht geplagt, aber als die Wochen vorbei gingen hätte es nur noch ein Stein geschafft, sich nicht von der Erregung, die diese Vorlesungen hervorriefen, anstecken zu lassen."[149]

Weiterhin beschäftigt mit Vorlesungen, Verwaltungsarbeit, Artikelserien, Vorträgen in In- und Ausland, offenen Briefen an den Präsidenten der Vereinigten Staaten, Redaktionsarbeiten für verschiedene Zeitungen, Bewirtschaftung seines Landgutes, Beobachtung des Marktes aufgrund seiner Tätigkeit als Spekulant, Vorstandstätigkeit in London, verfassen eines anderen Buches „*Essays in Biography*", welches 1933 erschien und last but not least war er verheiratet und hatte zusammen mit seiner Frau einige Organisationen gegründet, um die er sich kümmern mußte, fand er Zeit die „*General Theory*" zu verfassen.

Ab Veröffentlichung des „*Treatise*" und in Verbindung mit den noch kommenden ökonomischen und sozialen Krisen begann sich das Buch langsam zu entwickeln. Dank der erhalten gebliebenen Aufzeichnungen seiner Studenten und Briefwechsel mit den Mitgliedern des Cambridge-Zirkus, kann man das langsame Heranreifen seiner Überlegungen nachvollziehen. Um den Entstehungsprozeß nicht vollständig im Dunkeln zu belassen - hier die Worte des Autors höchst persönlich:

---

[149] R. Skidelsky, John Maynard Keynes The Economist as Saviour, 1994, S. 460

„Für mich ist, historisch gesehen, das Erstaunlichste das völlige Verschwinden der auf die Gesamtproduktion bezogenen Angebots- und Nachfragetheorie, das heißt der Beschäftigungstheorie, nachdem diese ein Vierteljahrhundert lang die meist diskutierte Theorie in den Wirtschaftswissenschaften gewesen war. Eine der wichtigsten Zäsuren in meinem Leben war, als ich nach der Veröffentlichung meines *„Treatise on Money"* dessen plötzlich inne wurde. Ich kam erst darauf, nachdem ich mir das psychologische Gesetz klar gemacht hatte, daß bei steigendem Einkommen die Kluft zwischen Einkommen und Konsumption größer wird - eine Erkenntnis, die von außerordentlicher Tragweite für mein eigenes Denken war, ohne daß sie es deshalb, einfach so ausgesprochen, auch für das Denken anderer sein müßte. Dann, um etliches später, kam mir die Idee, im Wunsch nach Verzinsung den Grund für die Liquiditätspräferenz zu sehen, ein Gedanke, der mir, kaum daß ich auf ihn verfallen war, vollständig einleuchtete. Und im vergangenen Herbst, nach unheimlich viel Herumwursteln und nach vielen Entwürfen, verknüpfte dann die richtige Definition des internen Zinsfußes das eine mit dem anderen."[150]

Die *„Allgemeine Theorie der Beschäftigung, des Zinses und des Geldes"*, die in seinen Worten als graues zottliges und wollenes Monster in seinem Kopf entstanden war, wurde am 4. Februar 1936 publiziert, einen Tag nach der feierlichen Eröffnung des Arts Theaters in Cambridge.[151]

Es ist wiederum ein wirtschaftswissenschaftliches Werk, welches sich an ein fachspezifisches Publikum wendet. Dies betonte er schon in seinem Vorwort:

„Ich glaube, daß ich ein Buch über die ökonomische Theorie geschrieben habe, welches weitgehend das Denken der Welt über ökonomische Probleme beeinflussen wird. Ich nehme an, daß dies nicht sofort geschehen wird, aber im Laufe der nächsten zehn Jahre. Dieses Buch wendet sich hauptsächlich an meine volkswirtschaftlichen Kollegen ... Ich selber habe an die Theorien, die ich jetzt angreifen werde lange Jahre voller Überzeugung geglaubt und ich denke, daß ich mich nicht ignorant gegenüber den starken Ansätzen dieser erweisen werde ... Die Dinge, die mein Buch behandeln, sind von einer Wichtigkeit, die nicht übertrieben

---

[150] C. Hession, John Maynard Keynes, 1986, S. 399
[151] Vgl. C. Hession, John Maynard Keynes, 1986, S. 392

werden kann. Aber, wenn meine Erklärungen zutreffen, so sind es meine Kollegen in der Volkswirtschaftslehre, die ich überzeugen muß und nicht die Öffentlichkeit."[152]

Im Gegensatz zu der analytischen oder reinen Theorie, die die ökonomische Lehre bisher beherrschte, bemühte sich Keynes eine realistische Theorie zu konzipieren, um somit zu einer Darstellung von Gesetzmäßigkeiten in einem zeitlich und räumlich begrenzten Zusammenhang zu gelangen.

Die *„Allgemeine Theorie der Beschäftigung, des Zinses und des Geldes"* wird auf 389 Seiten, innerhalb von sechs Büchern, die in insgesamt vierundzwanzig Kapitel unterteilt sind, behandelt. Seine Grundaussage ist überraschend einfach. Sie besagt, daß die moderne Wirtschaft aufgrund von Schäden auf sowohl der Güter- als auch der Geldseite in eine Phase der Stagnation und Arbeitslosigkeit abrutschte. Auf dem Gütersektor vermochte der Konsum mit der gestiegenen Produktion nicht mithalten, während auf dem Geldsektor die Zinsrate zu hoch war um Investitionen anzuregen. Diese verzögerten Investitions- und Konsumptionsvoränge verursachten die Stagnation und Arbeitslosigkeit.[153]

Das erste Buch, welches dreißig Seiten umfaßt, betrachtet die Wirtschaft in einer allumfassenden Weise. Er beginnt mit dem Argument, daß die klassische und neoklassische Theorie nur bei einem Spezialfall und nicht generell anzuwenden sind. Die traditionelle Theorie und sogar er selber im *„Treatise"* hatten einen gemeinsamen Fehler. Sie waren nur richtig unter der Annahme der Vollbeschäftigung. Die *„General Theory"* wird sich mit dem Normalfall beschäftigen. Er führt aus, daß die klassische Volkswirtschaftslehre, insbesondere Pigou, die Ansicht vertrat, daß es in der Möglichkeit der Arbeiter lag, durch das Akzeptieren von niedrigeren Reallöhnen beschäftigt zu bleiben. Keynes hält dagegen, daß Lohnverhandlungen immer in „Geld" geführt werden und somit die Tatsache vollkommen ignoriert wird, daß eine Senkung der durchschnittlichen Einkommen eine proportionale Senkung des Preisniveaus mit sich bringt. Die Annahme der klassischen Schule, daß sich Lohnverhandlungen auf Reallöhne beziehen, ist absolut falsch. Der Ausweg für den Produktionsfaktor Arbeit um durch erneute Lohnverhandlungen mit den Arbeitgebern die Reallöhne bis zu einer bestimmten Summe zu senken, besteht nicht. Selbst in

---

[152] Vgl. J. M. Keynes, The General Theory, 1964, S. v
[153] Vgl. D. Felix, Biography of an Idea, 1995, S. 131

einer Volkswirtschaft mit absolut flexiblen Löhnen gibt es immer noch das Problem der unfreiwilligen Arbeitslosigkeit.

Das erste „klassische Postulat", daß der Beschäftigungsgrad invers mit den Reallöhnen korreliert, erkennt er formell an. Das zweite, nämlich daß die Höhe der Reallöhne der von der Arbeiterschaft geforderten entsprechen, lehnt er ab. Somit muß der Beschäftigungsgrad zusammen mit den Reallöhnen als ein Resultat der generellen Nachfrage nach Gütern und Serviceleistungen in einer Volkswirtschaft gesehen werden. Daraus folgt, daß der Effekt von Lohnveränderungen auf die Beschäftigungslage davon abhängig ist, wie sich die Veränderungen auf die Gesamtnachfrage auswirken.[154]

Als nächstes wendet er sich dem Sayschen Theorem zu. Wobei sich die Widerlegung der Doktrin „das Angebot schafft sich die passende Nachfrage" wie ein roter Faden durch sein gesamtes Werk zieht. Die Notwendigkeit, daß die Einkünfte einer Periode auch ausgegeben werden, ist in Keynes Augen nicht gegeben. Der Haken der klassischen Theorie, hier greift er Marshall an, in diesem Punkt ist, daß sie Sparen gleich Ausgabe setzt. Die Doktrin, daß ein Mann Arbeit und Güter mit dem Teil seines Einkommens kauft, welches er für Sparen oder Ausgaben vorgesehen hatte, liegt der gesamten klassischen Theorie zu Grunde. Ohne diese Annahme bricht das gesamte Gefüge zusammen.

In Kapitel drei beschäftigt er sich mit der Effektivnachfrage. Diese definiert er als die von Unternehmern erwarteten Verkaufseinnahmen in Anbetracht der Höhe der geplanten Beschäftigung. Somit wird sich die Beschäftigungslage im Gleichgewicht befinden, wenn die geplanten Einnahmen aus dem Verkauf der produzierten Güter gleich der Kosten für diese sind. Liegen die Einnahmen über den geplanten Kosten, so ist dies ein Anreiz für den Unternehmer, die Produktion auszuweiten und vice versa. Eine Volkswirtschaft kann sich in einem Gleichgewicht bei Unterbeschäftigung befinden, wenn dort die geplanten Kosten gleich den geplanten Einkünften sind. Dies und vor allem der Nachweis dafür ist einer der Kernpunkte seines Werkes.[155]

Im zweiten Buch definiert er die grundlegenden Begriffe und Hintergründe seines Modells. Beschäftigung, Produktion und Einkommen werden in Gehaltseinheiten oder Zahlungen an Arbeiter pro Stunde gemessen. Alle drei reagieren gleichgerichtet

---

[154] Vgl. R. Skidelsky, John Maynard Keynes The Economist as Saviour, 1994, S. 547
[155] Vgl. R. Skidelsky, John Maynard Keynes The Economist as Saviour, 1994, S. 550

auf Veränderungen in der Nachfrage. Abhängig von den Umständen, insbesondere von dem Beschäftigungsgrad, werden Anpassungsvorgänge im nominalen Einkommen mit einer Unterscheidung zwischen Mengen- und Preis-Anpassungen vollzogen. Ein weiterer Punkt ist die Feststellung, daß Sparen gleich Investitionen ist. Er begründet dies damit, daß die Wünsche zu sparen oder zu investieren zwar auseinanderfallen können, aber die Summen sind immer gleich, da U nterschiede unverzüglich einen Anpassungsvorgang in den Einkommen auslösen. Die aktuelle Beschäftigungslage ist für ihn von kurz- und langfristigen Erwartungen abhängig. Hier kommt er auf die erwarteten Verkaufseinnahmen und die daraus folgenden Produktionserweiterungen oder Einschränkungen zurück. Wenn nun noch die langfristigen Erwartungen von Investoren in die Betrachtungsweise mit einbezogen werden, so fällt die kurzfristige Erwartung von Verkaufseinnahmen meist schlechter aus. Diese Entwicklung meint er, wenn er davon spricht, daß die kurzfristige Nachfrage unter das Angebot fallen kann. Das Angebot setzt sich hierbei aus dem potentiellen Produktionsvolumen und dem Umfang des Faktors Arbeit, der der momentanen Kapitalausstattung entspricht, zusammen.

In den Büchern drei und vier befaßt er sich mit de r Konsumnachfrage, der Investitionsnachfrage und der Zinsrate, genau den Determinanten, die den Beschäftigungsgrad in einer Volkswirtschaft bestimmen. Der Konsum ist in seinen Augen das einzige Ende und der Grund für eine ökonomische Aktivität. Die Investitionsnachfrage ist nur eine Folge daraus, wobei diese nur entsteht, wenn erwartet wird, daß die Konsumausgaben steigen.[156]

Das Kapitel acht i st das erste von drei Kapiteln, die sich mit der Konsumneigung beschäftigen. Für Keynes steht der Konsum einer Periode in einem ausgeglichenen Verhältnis zu dem laufenden Einkommen. Der Verlauf der Funktion wird bestimmt durch die psychologischen Faktoren (Erwartungen) und das Einkommen, wobei eine Erhöhung dessen einen erhöhten Konsum nach sich zieht, aber nicht proportional. In anderen Worten: Eine Erhöhung des Einkommens führt nicht dazu, daß um den gleichen Betrag mehr konsumiert wird. Bei einer gegebenen Konsumneigung von weniger als eins bedeutet dies, daß jede E rhöhung des Beschäftigungsniveaus eine Erhöhung von Investitionen erfordert, um die Lücke zwischen Konsum und Einkommen zu füllen.

---

[156] Vgl. R. Skidelsky, John Maynard Keynes The Economist as Saviour, 1994, S. 552

Er argumentiert, daß jede Entscheidung zu sparen die Investitionsnachfrage drückt. Das Problem der Bereitstellung einer entsprechenden Summe für Investitionen vergrößert sich im Zeitablauf, da sich die marginale Sparquote gleichgerichtet mit dem Einkommen entwickelt. Eine reiche Gesellschaft muß also einen steigenden Teil des Einkommens für Investitionen verwenden, selbst wenn die Rentabilität sinkt, um ein Gleichgewicht zu erhalten, bis Maßnahmen ergriffen werden, die das Sparen unattraktiver machen. Dieses Paradoxon hängt mit einer einfachen Tatsache zusammen: Nämlich, daß die steigende marginale Sparquote gar nicht oder nur minimal zu einem Sinken der Zinsrate beiträgt. Der Einfluß von geringen Veränderungen in der Zinsrate auf die Konsumneigung ist normalerweise sehr gering, wobei der Einfluß auf die Summe, die gespart wird, groß ist. Wenn ein Ansteigen der Zinsen die Investitionen fallen läßt, so muß dies einen Effekt auslösen die Einkommen so weit sinken zu lassen, bis die ebenfalls gesunkene Summe an Gespartem der Summe der gesunkenen Investitionen entspricht. Er kommt zu der Erkenntnis, daß „je tugendhafter wir uns geben, je sparsamer wir sind, je starrsinniger wir der orthodoxen Lehre in unseren nationalen und persönlichen Finanzen folgen, desto mehr wird unser Einkommen sinken, wenn die Zinsen relativ zur marginalen Effizienz des Kapitals steigen. Starrsinnigkeit bringt nur eine Strafe und keine Belohnung mit sich. Das Resultat ist unvermeidlich."[157] In dem abschließenden Kapitel über die Konsumneigung kommt er noch auf den Staatsausgabenmultiplikator zu sprechen.

Das nächste Kapitel, im fünften Buch, trägt die Überschrift „Investitionsanreize". (Hier darf man das Wort „Investition" nicht mit der Terminologie der IS-LM-Kurve gleichsetzen. Dort werden nur Sachinvestitionen getätigt.) Die dahinterstehende grundsätzliche Überlegung ist, daß die Investitionsrate von den erwarteten Gewinnen im Vergleich mit der Zinsrate bestimmt wird. Unternehmer produzieren Investitionsgüter aus dem gleichen Grund wie Konsumgüter, nämlich um Gewinne zu erzielen. Bei Investitionsgütern wird erwartet, daß die Gewinne einige Zeit nach dem Tätigen der Investition anfallen. Die Rückflüsse, die über den Kosten liegen, nennt Keynes die marginale Kapitalrentabilität. Die Investitionsrate wird bis zu dem Punkt der Investitionsnachfrage „gepushed" werden, an dem die marginale Kapitalrentabilität gleich dem Marktzins ist. Je mehr Vermögenswerte es gibt, desto geringer sind die daraus zu erwartenden Zinseinkünfte und um so weniger Nachfrage

---

[157] R. Skidelsky, John Maynard Keynes, The Economist as Saviour, 1994, S. 553

wird für diese bestehen. Dies führt zu einer unorthodoxen Feststellung. Für Keynes sind Investitionen eine Funktion der Zinsrate, aber die Zinsrate keine Funktion der Investition. In anderen Worten: Wenn die Investitionen unter die Summe, die zu sparen gewünscht ist, fallen, reagiert die Zinsrate nicht unbedingt. Daraus folgt, daß es keine Garantie gibt, daß ein Umfang von Investitionen, der im Einklang mit einer gegebenen Zinsrate steht, genug ist um Vollbeschäftigung zu sichern.

Im nächsten Kapitel stellt er die Instabilität der Investitionsnachfrage als einen der wichtigsten Faktoren von ökonomischen Schwankungen dar. Dies ist das lebendigste und realistischste Kapitel, da er aus seiner langen Erfahrung als Spekulant schöpfen kann. Er schreibt, daß die Unsicherheit in Verbindung mit Erwartungen über zukünftige Zinseinnahmen eine gewisse Institution in das Leben gerufen hat, in der viele Investitionen einer kapitalistischen Gesellschaft gebündelt zusammenlaufen - die Börse. Dieser organisierte Markt für Investitionen reduziert deren Risiko, da der Anleger dort die Kurse vor Augen hat und sich somit bis zu einem gewissen Grad auf diesen Maßstab, der die marginale Rentabilität der einzelnen Vermögenswerte angibt, verlassen kann. Es gibt aber keine starken Wurzeln, die dieses System im Gleichgewicht halten können. Alleine die Einschätzung der näheren Zukunft kann eine plötzliche Panik auslösen. So kann es geschehen, daß von einem Moment auf den anderen jeder liquide werden möchte, aber es gibt keine Liquidität der Investitionen für die ganze Gemeinschaft. In einer modernen kapitalistischen Gesellschaft werden viele Investitionen aufgrund von Irrtümern von falsch verstandener Genauigkeit getroffen. Er sieht, daß die Zinsrate einen großen Einfluß auf den Umfang der Investitionen ausüben kann, aber er glaubt nicht, daß eine reine monetäre Politik, die versucht den Zins zu beeinflussen, ausreicht um Schwankungen in dem Markt der Ertragserwartungen auszugleichen. Er schließt mit der Erwartung an den Staat, der in der Position ist, die langfristige Rentabilität von Vermögenswerten auf der Grundlage sozialer Vorteile zu kalkulieren, das dieser die große Verantwortung annehmen wird, direkten Einfluß auf die Investitionen zu nehmen.

In den nächsten zwei Kapiteln zeigt er auf, daß der klassische Zinsraten-Anpassungsmechanismus falsch ist und daß die Zinsrate vom Geldmarkt bestimmt wird unter dem Schlagwort der Liquiditätspräferenz. In der klassischen Volkswirtschaftslehre ist man davon ausgegangen, daß die Zinsrate die Investitionsnachfrage und die Bereitschaft zu Sparen in Einklang bringt. Somit würde ein Sinken der Investitionen relativ zum Sparvolumen ein Sinken der Zinsen nach sich ziehen, dieses wiederum würde das Sparen unattraktiver machen und Konsum und Investment, bei einem unveränderten Einkommensniveau, anregen. Keynes Überlegung war, daß es nicht der Zins sein kann, der Investitionen und Sparen in Übereinstimmung bringt, wenn Investitionen und Sparen bereits ex definitione die gleichen Werte haben. Wenn man nun die weitere Annahme trifft, daß die Investitionen auf kleine Veränderungen in der Zinsrate nicht oder nur minimal reagieren, so muß man die Zinsrate für Erklärungen nicht unbedingt heranziehen. Die zwei unabhängigen Variablen sind die Konsumneigung und die Investitionsanreize. In dem nächsten Kapitel findet man die Erklärung. Hier beschreibt er ausführlich die Liquiditätspräferenz. Er wendet sich also dem Geldmarkt und im speziellen der Geldnachfrage zu, wobei hier der Zins eine der ausschlaggebenden Variablen ist. Er versteht den Zins als eine Art Preis, der den Wusch Vermögen in Geld zu halten und das verfügbare Geldangebot in Übereinstimmung bringt. Somit ist es nur Z ufall, wenn eine festgelegte Zinsrate in Übereinstimmung mit einem bestimmten Einkommensniveau bei Vollbeschäftigung festgestellt wird. Er zeigt, daß die Zinsrate über dem eine Vollbeschäftigung sichernden Niveau liegen kann.

Vorerst jedoch beschäftigt er sich mit der Spekulationskasse. Bereits in dem „*Treatise*" hatte er ausgeführt aus, daß die Wirtschaftssubjekte Geld horten werden, wenn sie erwarten, daß die Kurse für Effekten sinken. Die bloße Erwartung, daß die Kurse für Effekten fallen, begründete aber noch nicht die Liquiditätspräferenz, da die Möglichkeit für den Anleger besteht, einfach sein Portfolio umzuschichten. Keynes unterschied zwischen Aktien und festverzinslichen Wertpapieren. Dadurch, daß er die Liquiditätspräferenz mit den festverzinslichen Wertpapieren in Verbindung brachte, hatte er die notwendige Verbindung zum Zinsniveau hergestellt. Bestand nun auf dem Markt ein niedriges Zinsniveau, erwarten die Anleger steigende Zinsen und somit fallende Kurse und werden eine hohe Kassenhaltung aufbauen und vice versa. Keynes unterteilte die Spekulanten in „bulls" und „bears". Wobei auf dem Markt die Kurse der Wertpapiere festgestellt werden, wenn die „bears" verkaufen und die „bulls" kaufen. Zu jeder Zeit übt die Neigung zu horten einen größeren Einfluß auf die Zinsrate aus als die Sparneigung. Daraus zieht er die Folgerung, daß wenn die Investitionsnachfrage relativ zu der Sparneigung fällt, die Zinsrate nicht wie in der klassischen Theorie angenommen auch sinken wird. Investoren werden von Aktien zu festverzinslichen Wertpapieren überwechseln, welches den Kurs dieser nach oben treibt. Spekulanten werden dann ihre Wertpapiere zu „Geld machen" und ein Fallen der Zinsen wird gestoppt oder zumindest verzögert. Der einzig natürliche

Anpassungsvorgang, der ein Sinken der Investitionen auslöst, ist ein sinkendes Einkommen.[158]

Diese aufgestellten Theorien beruhen alle auf der Annahme eines vorgegebenen Geldangebotes. Die Währungsbehörde kann die Zinsrate durch den Aufkauf von festverzinslichen Wertpapieren beeinflussen. Er erklärt die Offenmarkt-Politik der Zentralbank und kommt dann auf die Liquiditätsfalle zu sprechen. Diese besagt, daß in einer Rezession die Wirtschaft durch eine Geldmengenerhöhung, die eine Zinssenkung zur Folge hat, um die Investitionen anzuregen, ineffizent ist, da die zusätzliche Liquidität aufgrund der schlechten Zinslage von den Wirtschaftssubjekten in die Spekulationskasse aufgenommen wird. Letztendlich hängt der Erfolg von geldpolitischen Maßnahmen von dem Vertrauen der Bürger in die Institutionen ab. Erst wenn die öffentliche Meinung von der Durchführbarkeit und Angemessenheit dieser Instrumente überzeugt ist, werden sie von Erfolg gekrönt sein. Im nächsten Kapitel geht er auf den zweiten Bestandteil der Liquiditätspräferenz ein, die Transaktionskasse mit ihren Bestandteilen Umsatz- und Vorsichtskasse. Der Teil des Einkommens, der dort gehalten wird, ist eine relativ konstante Größe und die gegenseitigen Auswirkungen auf die Zinsrate sind nur marginal.

In den nun noch folgenden acht Kapitel versucht er die zuvor dargestellten Theorien auf Situationen und Ver mutungen außerhalb eines statistischen Rahmens anzuwenden. Hier stellt er seine ökonomische Lehre in einem Umfeld der Geschichte, Politischen Wissenschaften und Sozialphilosophie dar.[159]

Mit der „General Theory" gelang Maynard Keynes unbestritten der Durchbruch als Wirtschaftswissenschaftler und bis heute wird er als Pionier dieser revolutionären Sichtweise gesehen.

Doch zu der selben Zeit gab es zwei Wissenschaftler, die zur gleichen oder ähnlichen Theorie gelangt waren. Der polnische Wirtschaftswissenschaftler Michael Kaleckie veröffentlichte in den Jahren 1933 bis 1935 drei Arbeiten, die die Hauptideen der „General Theory" zum Gegenstand hatten. Im Gegensatz zu Keynes verfügte dieser aber weder über eine interessierte Zuhörerschaft noch über eine Reputation, um die notwendige Beachtung und Verbreitung seines Werkes zu erreichen.

Zum zweiten hatte der schwedische Wirtschaftswissenschaftler Gunnar Myrdal bereits 1931 einen Erklärungsversuch in Bezug auf Produktionsschwankungen

---

[158] Vgl. R. Skidelsky, John Maynard Keynes The Economist as Saviour, 1994, S. 555 ff.

[159] Vgl. D. Felix, Biography of an Idea, 1995, S. 183

veröffentlicht, der dem Keyneschen Ansatzes sehr ähnlich ist. Aber auch hier fehlte es an Kraft und Überzeugung, um eine öffentliche Beachtung, wie Keynes sie erfuhr, zu erzielen.[160]

Zwischen dem Zeitpunkt der Veröffentlichung seines Werkes und seinem Ableben zehn Jahre später gab es mehr als dreihundert publizierte Besprechungen und Kritiken seines Buches, wobei die Diskussionen um sein Gedankengut noch heute andauern. Sofort nach dem Erscheinen waren Rezensionen in allen möglichen Medien zu finden. Hubert Henderson, Dennis Robertson und Alfred Pigou zeigten sich von diesem Werk unbeeindruckt, wobei Pigou noch zugab „positiv irritiert" zu sein. Letztendlich teilte es die Volkswirtschaft in zwei Lager. Gerade die im vergangenen Jahrhundert geborenen Volkswirte übten scharfe Kritik. Einer davon, Alvin Hansen, hielt es für notwendig, gleich zwei Besprechungen zu veröffentlichen. Für ihn behandelte das Buch mehr die Symptome von ökonomischen Trends als daß es einen Grundstein für die wirtschaftswissenschaftliche Lehre legt, wobei Hansen später der wichtigste Vertreter der Lehre nach Keynes in den Vereinigte Staaten wurde.

Die jüngere Generation hingegen nahm das Buch positiv auf und versuchte die Ideen weiterzuentwickeln. Einige davon hatten, wie schon erwähnt, bei der Entstehung mitgeholfen. Es gab Erklärungsversuche von Hicks, Robbinson und Harrod, wobei vielen dieser Darstellungen der Versuch zugrunde lag, das Modell vereinfacht zu formulieren. Gerade diesen gegenüber zeigte sich Maynard Keynes äußerst tolerant, da „er hoffte, daß wenn seine einfachen grundlegenden Ideen vertraut und akzeptiert sind, wird die Zeit, Erfahrung und die Zusammenarbeit von mehreren Köpfen den besten Weg finden Keynes Ideen darzustellen."[161]

Den Rest des Jahres 1936 verbrachte er, neben einem regen Briefwechsel mit seinen Kritikern, mit dem Umbau seines Landhauses und Reisen nach Rußland und Schweden, wo er einen Vortrag vor dem Volkswirtschafts-Club in Stockholm hielt.

Als er im Frühjahr 1937 mit Vorlesungen über den ex-post und ex-ante Ansatz der Zinstheorie von Harrod beschäftigt war, erlitt er während eines Aufenthaltes in Cambridge einen Herzinfarkt. Nach einem Monat sorgfältiger Pflege in der Harvey Road wurde er in ein Sanatorium nach Wales gebracht. Dort nahm er seine

---

[160] Vgl. D. Felix, Biography of an Idea, 1995, S. 183

[160] Vgl. C. Hession, John Maynard Keynes, 1986, S. 398

[161] D. Moggridge, Maynard Keynes An Economist´s Biography, 1992, S. 594

Korrespondenz wieder auf und wurde zusätzlich von den Besorgnis erregenden Veränderungen in Europa gefesselt. In der folgenden Zeit der ungewollten Untätigkeit und Rekonvaleszenz veröffentlichte er zahlreiche Artikel bezüglich außenpolitischer Fragen und zur Finanzpolitik des britischen Schatzamtes in der *Times* und im *Economist*. Er nahm auch eine seiner Lieblingsbeschäftigungen wieder auf, das Sammeln alter Erstausgaben.

Als Nebeneffekt seiner Leidenschaft veröffentlichte er einen biographischen Artikel über Cambridges größten Sohn mit dem Titel „*Newton, the Man*".[162] Sich mehr um seine Familie und Freunde kümmernd und alte Interessen wieder aufleben lassend verbrachte er die Zeit, bis ein weiteres schweres Ereignis der Weltgeschichte wiederum seinen vollen Einsatz forderte.

---

[162] Vgl. R. Skidelsky, John Maynard Keynes The Economist as Saviour, 1994, S. 625 ff.

5   Der zweite Weltkrieg (1939-1945)

Die nach dem ersten Weltkrieg errichtete globale Ordnung wurde durch die Weltwirtschaftskrise (1929-1933) tiefgreifend erschüttert. Amerika, Großbritannien und Frankreich konnten aufgrund der Einschränkung ihrer internationalen Handlungsfähigkeit diese Ordnung nicht mehr garantieren und gaben somit Deutschland, Italien und Japan die Möglichkeit, eine Neuverteilung der Weltmärkte anzustreben. Diese daraus entstehende Problematik, die letztendlich zum Zweiten Weltkrieg führte, hatte nicht nur machtpolitische, ökonomische und militärstrategische Ursachen, sondern auch gesellschaftspolitisch-ideologische. So kam es zu Konflikten zwischen den liberal-demokratischen, faschistisch-nationalistischen und sozialistisch-kommunistischen Kräften.
Der Sowjetunion unter der Führung von Josef Stalin kam eine tragende Rolle zu. Dieser war bestrebt, eine kriegerische Auseinandersetzung der „imperialistischen" Mächtegruppen zu forcieren, um im Hintergrund zu verharren und später als Entscheidungsträger eingreifen zu können. Somit waren die Anstrengungen von Großbritannien und Frankreich, die Sowjetunion zu einer Militärallianz gegen Deutschland zu bewegen, vergebens. Großbritannien hatte sich im Vorfeld zu Revisionen in Mitteleuropa zu Gunsten Deutschlands bereit erklärt, aber nicht zu einer Aufgabe des europäischen Kontinents. Deutschland war inzwischen der „Anschluß" Österreichs und die Einbeziehung der Tschechoslowakei in das „Großdeutsche Reich" gelungen, aber Polen hatte sich erfolgreich zur Wehr gesetzt. In Erwartung, Druck auf die europäischen Mächte ausüben zu können, schloß Deutschland einen Nichtangriffspakt mit der Sowjetunion. Als Reaktion kam es zu einem Beistandsvertrag zwischen Großbritannien und Polen, wobei schon zuvor England und Frankreich die Unabhängigkeit Polens garantiert hatten. Als Adolf Hitler am 1. September 1939 den Befehl gab Polen anzugreifen, löste er den Zweiten Weltkrieg aus.[163]

---

[163] Vgl. K. Plötz, Der große Plötz, 1980, S. 870

5.1 Die Arbeit für das Schatzamt (1940-1946)

Als Großbritannien am 1. September 1939 Deutschland den Krieg erklärte, war Maynard Keynes gerade frühzeitig aus einem Kuraufenthalt in Frankreich zurückgekehrt, da aufgrund der französischen Mobilmachung sein Hotel schließen mußte. Am Tag des Kriegsausbruchs reiste er nach Cambridge, um dort seine Tätigkeiten als Schatzmeister und Professor zu intensivieren. Er wollte durch seine Arbeit diejenigen entlasten, die nun im Staatsdienst gebraucht wurden. Schon ein Jahr zuvor hatte er verlauten lassen, daß sein Gesundheitszustand eine Involvierung wie im ersten Weltkrieg nicht mehr zulasse.

Doch bereits vor seiner Abreise hatte er in zwei Artikeln, die in der *Times* erschienen waren, seinen Gedanken über die Kriegsfinanzierung Ausdruck verliehen. Dort hatte er sich für eine Politik der niedrigen Zinsen, Kapitalexportbeschränkungen und für eine Errichtung einer Koordinationabteilung mit einem Generalstab aus Wirtschaftsfachleuten ausgesprochen. Zusätzlich hatte er bereits im September begonnen, mehrere Memoranden über die aktuellen Probleme des Krieges an das Schatzamt zu senden. Besonderes Augenmerk richtete er dabei auf das Problem, wie die erforderlichen Ressourcen für den Krieg bereitzustellen sind, ohne durch die dadurch steigende Gesamtnachfrage eine Inflation auszulösen. Einen möglichen Weg sah er unter dem Schlagwort „Zwangssparen" und somit in einer abgestimmten Preis,- Haushalts- und Lohnpolitik, was er auch in der *Times* propagierte.

Wie immer, wenn er sich in solchen Situationen zu Wort meldete, schlugen seine Ansichten hohe Wellen. Nachdem er an Diskussionen, Interviews und Gesprächen mit verschiedenen Institutionen teilgenommen hatte, reagierte er mit einem kleinen Buch, welches unter dem Titel „*How to Pay for the War*" veröffentlicht wurde.[164] Neben der Verteidigung seiner Zwangsspar-Überlegung, forderte er noch die Einführung eines Kindergeldes, welches auf die Hand ausbezahlt werden sollte, eine Vermögensbildung für die Arbeiterschaft unter Obhut deren Organisationen, eine Fixierung der Renten und Löhne mit den Preisen von ausgewählten Konsumartikeln und eine Einführung einer Kapitalsteuer um Rücklagen zu bilden, die nach Kriegsende für die unterlassene Konsumption verwendet werden können, ohne die Staatsverschuldung zu erhöhen.[165]

---

[164] Vgl. C. Hession, John Maynard Keynes, 1986, S. 431 ff.
[165] Vgl. D. Moggridge, Maynard Keynes An Economist's Biography, 1992, S. 628 ff.

Während des Krieges wurde es deutlich, daß das britische Schatzamt teilweise aber nicht in dem erforderlichen Umfang seinen Vorschlägen Folge leistete.
Anfang 1940 wurde seine Aufmerksamkeit von der Frage der Währungskontrolle gefesselt. Von Richard Kahn, der im Handelsministerium tätig war, auf diese Problematik aufmerksam gemacht, traf sich Keynes mit dem Präsidenten der Bank von England und kam zu dem Entschluß, daß die Devisenbeschränkungen seit dem Kriegsausbruch zu lapidar gehandhabt wurden. In seinen Augen war es unvermeidlich, im Hinblick auf die Kriegsfinanzierung alle verfügbaren Währungsreserven zusammenzuhalten um sie, wenn notwendig, sofort liquide machen zu können. Genauer bedeutete dies strenge Kontrollen bei von Ausländern getätigten Effektengeschäften, Einführung von Importbeschränkungen und eine striktere Handhabung der Währungs- und Importbestimmungen im allgemeinen. Zusätzlich forderte er ein Abkommen unter den Verbündeten, um den Zahlungsverkehr auch in Zeiten des Krieges zu sichern. Es folgten noch weitere Memoranden, die sich mit der Kriegsfinanzierung insbesondere innerhalb der Alliierten beschäftigten. Durch den ersten Weltkrieg und vor allem von dessen Folgen gewarnt, insistierte er, daß ein System der hohen Verschuldung gerade auf dem europäischen Kontinent nicht mehr entstehen dürfe. Die Vereinigten Staaten sollten Kredite zinslos zur Verfügung stellen, wobei die Rückzahlung dieser direkt in einen Fonds für den Wiederaufbau Europas fließen sollte. Zusätzlich verlieh er seiner Hoffnung Ausdruck, daß Amerika aufgrund seiner hohen Goldreserven den mit dem Wiederaufbau belasteten Ländern Gold als Bankreserven zur Verfügung stellen werde.
Wie man erkennen kann waren Maynard Keynes und sein Wissen, vielleicht ohne es zu wollen, zu wichtig für Großbritannien, um unbehelligt in Cambridge die Zeit des Krieges zu verbringen. Aber es lag auch nicht in seiner Natur, wie man unschwer an der Anzahl seiner Memoranden und Artikel erkennen kann.
Als er 1940 in das inoffizielle und unbezahlte Beratergremium des Schatzkanzlers berufen wurde, nahm er an, da er nicht erwartete, viel Arbeit zu haben. Schon bald aber verfügte er über eigene Räume, eine Sekretärin und sogar ein Bett im Schatzamt. Ein damaliger Mitarbeiter berichtet über seine informelle Position in der Hierarchie:

„Er war einfach nur „Keynes", er war frei seine Meinung zu äußern und wenn notwendig auf jeden verbal zu schießen - jeder, egal mit welchem Rang, konnte mit seinen Problemen zu ihm kommen."[166]

---

[166] D. Moggridge, Maynard Keynes An Economist´s Biography, 1992, S. 638

Diese besondere Stelle ermöglichte Maynard Keynes bei nahezu allen Belangen der Behörde involviert zu sein, ohne dabei die normalen Kommunikationswege einhalten zu müssen. So konnte es vorkommen, daß der Premierminister Churchill ein Gespräch mit dem Schatzkanzler mit den Worten begann: „Lord Keynes erwähnte gestern ..."[167]

Nachdem Deutschland in Belgien und den Niederlanden einmarschiert war, Frankreich und Dünkirchen gefallen und die ersten deutschen Bomben über London abgingen, war es klar, daß der Krieg nur durch einen totalen Sieg der Alliierten zu beenden war. Im September 1940 wurde das Haus am Gorden Square durch deutsche Bomben zerstört. Somit pendelte Maynard Keynes mit dem Zug oder Auto zwischen seinem Landsitz Tilton und London. Zu dieser Zeit konnte er seinem Arzt Dr. Plesch erfreut berichten, daß er sich wieder ganz wie der Alte fühlte.

Damals arbeitete Maynard Keynes an der Revision der britischen Steuerpolitik und Erstellung eines neuen, dem Krieg entsprechenden Haushaltsplanes. In einer Besprechung mit dem Schatzkanzler erläuterte er die Grundlagen für einen Kriegshaushalt. Er erklärte, daß es nicht das Ziel sein darf, ausschließlich das militärische Unternehmen zu finanzieren. Auf der Grundlage des Nationaleinkommens und seiner theoretischen Ansätzen berechnete er die inflatorische Lücke und verwies auf die Möglichkeit des Zwangssparens und Anhebens der direkten Steuern, um eine Stabilisierung der Lebenshaltungskosten zu erreichen. Zufrieden über den neuen Haushaltsplan äußerte er sich in einem Brief an seine Mutter:

> „Ich bin so zufrieden mit dem Haushalt, wie ich überhaupt nur erwarten konnte, und habe in der Tat in einer Reihe von Punkten gerade so viel meinen Willen bekommen, wie gut für mich ist. Die in begrenztem Umfang eingeführte Zahlungsrückstellung wird in der Öffentlichkeit am meisten mit meiner Person verbunden. Aber die zwei Punkte, die für mich die wichtigsten waren und bei deren Durchsetzung ich eine Rolle gespielt habe, waren die Preisstabilisierung, für die ich sehr hart gekämpft habe, und die logische Struktur und Verfahrensweise für einen Kriegshaushalt, die zusammen mit dem neuen „Weißbuch", tatsächlich eine Revolutionierung der Staatsfinanzen bedeutet."[168]

---

[168] C. Hession, John Maynard Keynes, 1986, S. 444

Zwar konnte dieser Haushalt die inflatorischen Tendenzen in der britischen Wirtschaft nicht unterdrücken, aber die politischen Führer waren sich dem Problem bewußt. Nicht zu Letzt ist dies auf Maynard Keynes Durchhaltevermögen und Überzeugungskraft zurückzuführen.

5.2 Seine Beteiligung am Leih- und Pachtgesetz (1941)

Als am 11. März 1941 das Leih- und Pachtgesetz verkündet wurde, begann für Maynard Keynes eine Zeit der wiederholten Reisen in die Vereinigten Staaten um dort die Belange seines Landes auf höchster Ebene zu vertreten.[169]

Um die Brisanz seiner Mission zu verstehen, muß man sich einige Hintergrundinformationen in das Gedächtnis rufen. Bei Kriegsausbruch bestand in den Vereinigten Staaten ein Gesetz, welches verbot an kriegführende Nationen Kredite zu gewähren. Zusätzlich untersagte das 1934 verabschiedete Johnson-Gesetz die Kreditgewährung an Länder, die ihren Zahlungsverpflichtungen aus dem ersten Weltkrieg nicht nachgekommen waren, und wie schon erwähnt traf dies auf Großbritannien zu. Zwar wurde die Gesetzeslage 1940 geändert, um den Alliierten den Kauf von Rüstungsmaterial unter den Lieferbedingungen „Selbstabholung gegen Kasse" in den Staaten zu ermöglichen, aber wie schon im ersten Weltkrieg schwanden auf Grund dessen die britischen Gold- und Devisenguthaben.

Als im Dezember des gleichen Jahres Winston Churchill seinen amerikanischen Amtskollegen wissen ließ, daß sich England bald nicht mehr im Stande sieht den Zahlungsverpflichtungen in bar nachzukommen, unterbreitete Präsident Roosevelt den Vorschlag des Leih- und Pachtprinzips. Dieses sah vor, das Dollarzeichen auszuschalten. Somit werden alle notwendigen Rüstungsgüter von der amerikanischen Regierung gekauft und diese dann auf Hypothekenbasis an die Alliierten abgegeben, wenn der Präsident dies für die Verteidigung der Vereinigten Staaten als notwendig erachtet.[170]

Zusammen mit seiner Frau Lydia, die sich um sein Wohlbefinden sorgte, und einem umfassenden Verhandlungskatalog, reiste er zu Gesprächen nach Washington D.C., zu einem Zeitpunkt, da die Zahlungsfähigkeit von Großbritannien, wie erwähnt, unsi-

---

[169] Anhang VI, S. 139
[170] Vgl. W. Churchill, Der zweite Weltkrieg, 1992, S. 430

cher geworden war. Nach einem Marathon von Gesprächen und offiziellen Essen, die seiner Ansicht nach gefährlicher waren als die deutschen Luftangriffe, konnte er in wichtigen Punkten Übereinstimmungen erzielen. So sollte gegen die Hinterlegung von britischen Effekten eine amerikanische Anleihe gewährt werden, Verbindlichkeiten, die vor der Verabschiedung des Leih- und Pacht-Gesetzes entstanden waren, wurden wenigstens teilweise von den USA übernommen und die Versorgung mit den Grundgütern war gesichert.

Die Frage der Gegenleistungen für diese Zugeständnisse sollte Maynard Keynes unter Vorbehalt zusammen mit dem amerikanischen Außenministerium klären. Die amerikanische Seite hatte die sogenannte Nichtdiskriminierungsklausel entworfen, die besagte, daß sich Großbritannien einverstanden erklärt „wechselseitig vorteilhafte wirtschaftliche Beziehungen zwischen den beiden Ländern und die Verbesserung der weltweiten Wirtschaftsbeziehungen anzustreben; die beiden Länder werden dafür sorgen, daß weder in den Vereinigten Staaten von Amerika noch im Vereinigten Königreich Einfuhren von Waren aus anderen Ländern Handelsbeschränkungen unterliegen, und sie werden dafür sorgen, daß sie die für die Verwirklichung dieser Absicht erforderlichen Maßnahmen in die Wege leiten werden."

Für Großbritannien bedeutete das Leih- und Pachtgesetz, daß es nach der Beendigung des Krieges keine Kriegsschulden geben wird, aber es sich als Gegenleistung verpflichtet, die Zollbegünstigungen innerhalb des Empire und Ein- und Ausfuhrkontrollen abzuschaffen.

Während Maynard Keynes in den ersten Monaten des Krieges mehr mit innenpolitischen Problemen beschäftigt war, wurde er nun zu der treibenden Kraft im Finanzministerium, die sich mit den amerikanisch-britischen Belangen auseinandersetzte.

Nach England zurückgekehrt wartete neben der Öffentlichkeitsarbeit für das Schatzamt eine weitere Aufgabe auf ihn. Im September 1941 wurde er in den Aufsichtsrat der Bank von England berufen. Genau der Institution, der er zwanzig Jahre lang das Leben schwer gemacht hatte.[171]

Doch zuerst benötigte er dringend eine seinen Vorstellungen entsprechende Erholung. Er kümmerte sich um die Bewirtschaftung von Tilton um dann die Rückstände für das *Economic Journal* aufzuarbeiten.

---

[171] Vgl. D. Moggridge, Maynard Keynes An Economist's Biography, 1992, S. 652 ff.

Bereits am 14. August 1941 war bei einem Treffen vor der Küste von Neufundland die Atlantik Charta zwischen Roosevelt und Churchill beschlossen worden.[172]
In Artikel vier, der die Diskriminierungsklausel ersetzte, verpflichteten sich die beiden Länder: Sie werden sich bemühen, unter voller Beachtung ihrer bestehenden Verpflichtungen, für alle Staaten, groß oder klein, Sieger oder Besiegte, zu gleichen Bedingungen besseren Zugang zum Handel und zu den Rohstoffen der Welt zu schaffen, die zum wirtschaftlichen Wohlstand der Staaten benötigt werden.

Für Keynes war eine internationale Liberalisierung des Handels, auf der Grundlage der Errichtung einer Clearings- Union durchzusetzen, von großer Bedeutung. Zu diesem Zeitpunkt begann er an einem Entwurf für eine internationale Währungs- Union zu arbeiten.

Im Vorfeld hatte er sich geäußert, daß er die Einführung von Schutzzöllen, Devisenbeschränkungen und Kontingentierungen nicht als Ursache, sondern als Symptom von Ungleichgewichten im internationalen Währungssystem ansieht. Wollte man die Krankheit heilen, so sah er in der Einrichtung eines anerkannten internationalen Währungsinstrumentes das richtige Medikament. Bei einer Clearings- Bank, die als Zentralbank der einzelnen staatlichen Zentralbanken fungieren sollte, können die Mitgliedstaaten Guthaben unterhalten, die auf eine internationale Währung lauten, dem sogenannten „bancor". Der Wert einer Einheit dieser Währung sollte dem Gold zugrunde liegen, aber veränderbar sein, um der Union die notwendige Anpassung zu ermöglichen. Statt Sonderkrediten sollte es bei Liquiditätsproblemen nun auch möglich sein, die dort gehaltenen Konten in das Soll setzen zu können. Wobei sowohl für diese Positionen als auch für Guthabensalden Zinsen zu erstatten sind. Der Hintergrund dieser Überlegung war, daß somit für große Zahlungsbilanzüberschüsse, die den internationalen Handel belasten könnten, eine Art Strafzins zu entrichten ist.[173]

Auch in Amerika hatte man sich zu dieser Zeit Gedanken über mögliche Maßnahmen der Alliierten bezüglich des Währungs- und Bankwesens gemacht, um die Umsetzung der Charta zu ermöglichen. Die Abhandlung über dieses Thema aus amerikanischer Sicht wurde von Harry Dexter White verfaßt. Er war der Berater des amerikanischen Finanzministers und späterer Gegenspieler von Maynard Keynes bei der Konferenz von Bretton Woods.

---

[172] Anhang VII, S. 143
[173] Vgl. C. Hession, John Maynard Keynes, 1986, S. 454ff.

Doch bevor es zu dieser Konferenz kam, wurde Maynard Keynes nicht nur von der Manchester Universität die Ehrendoktorwürde verliehen, sondern er wurde auch von dem englischen König in den Adelsstand erhoben. Im Juli 1942 nahm er seinen Sitz in der Fraktion der Liberalen Partei im House of Lords ein. Seiner Anregung folgend konnte er sich von nun an Baron Keynes von Tilton nennen.

Doch die Clearings-Union war nicht das einzige heiße Eisen, welches Maynard Keynes zu dieser Zeit schmiedete. Obwohl sich der Krieg mittlerweile auch auf den Mittleren Osten und Nordafrika ausgeweitet hatte, schrieb er mehrere Memoranden, die sich mit den finanziellen Nachkriegshilfen in Europa befaßten. Noch gab es in Großbritannien trotz des Krieges einen Überschuß an Gütern. Sein Schema sah vor, daß England große Zugeständnisse zur Hilfe des Wiederaufbaus machen könnte. Nachdem sich aber die Ereignisse auf dem Schauplatz der Weltbühne überschlugen, wurde es offensichtlich, daß Großbritannien selber auf Hilfen angewiesen sein wird. Auch innenpolitisch engagierte er sich. Er verfaßte ein Memorandum über das Problem der Aufrechterhaltung des Beschäftigungsstandes nach dem Krieg und einer daraus resultierenden angemessen Wirtschaftspolitik.

Eine weitere Ehrung empfing er an seinem sechzigsten Geburtstag. Er wurde von der Universität Cambridge zum High Steward ernannt, eine Ehrung, die keinerlei Verpflichtungen mit sich brachte, aber nur außergewöhnlichen Persönlichkeiten zuteil wurde.

5.3 „A Jolly Good Fellow" und die Konferenz von Bretton Woods (1944)

Wie schon zuvor erwähnt hatte sich Maynard Keynes bereits 1941 mit der Einführung und den grundsätzlichen Voraussetzungen und Bestimmungen für eine Clearings-Union beschäftigt. Anders als der Amerikaner Harry White, der in seiner Überlegung die Schwerpunkte auf die Abschaffung von restriktiven Praktiken und auf die Stabilisierung der Wechselkurse legte, wollte Keynes in seinem Entwurf eine Grundlage für die Bildung und Belebung des Welthandels schaffen, um somit näher an die Realisierung von nationalen Zielsetzungen wie Vollbeschäftigung zu gelangen.[174]

---

[174] Vgl. M. North, Das Geld und seine Geschichte, 1994, S. 192

Detaillierter ausgeführt bedeutete dies, daß White keine Clearings-Union mit einer gemeinsamen Währung einführen wollte. Durch einen mit fünf Milliarden Dollar ausgestatteten Stabilisierungsfonds sollten die Wechselkurse gleichmäßig gehalten werden. Keynes dagegen propagierte eine Überziehungslinie von fünfundzwanzig Milliarden bei einer Clearing-Bank, um die Vorzüge einer internationalen Goldwährung ohne deren Nachteile zu erzielen.

Um eine Politik der ausgeglichenen Handelsbilanzen zu erzwingen, sah der amerikanische Vorschlag sowohl für die Schuldner als auch für die Gläubiger Sanktionen vor. Zwar war dies auch in dem britischen Vorschlag beinhaltet, aber wohl aufgrund der britischen Geschichte sollten Schuldnern großzügige Überziehungsmöglichkeiten eingeräumt werden und diese erst zu einem späteren Zeitpunkt zur Rechenschaft für die Inanspruchnahme gezogen werden.

Interessanterweise haben beide in ihrem Entwurf versäumt einen Plan für die Übergangszeit aufzuzeichnen. Des weiteren ist festzuhalten, daß beide Pläne von den jeweiligen Landsleuten favorisiert und unterstützt wurden. Zumindest Dennis Robertson schrieb in einem Brief, den er während den noch kommenden Verhandlungen verfaßte, von dem „Whines-Plan".

Sowohl Keynes als auch White überarbeiteten ihre Entwürfe noch mehrmals, bis sie schließlich im September 1943 das erste Mal in Washington zusammentrafen. Die Verhandlungen zwischen den beiden Delegationen erwiesen sich als äußerst schwierig. In einem Zeitraum von vierundzwanzig Tagen konnte von vierzehn strittigen Punkten nur bei sechs Punkten eine Übereinstimmung erzielt werden. Zurückzuführen war dies nicht nur auf die Unterschiede der wirtschaftlichen und politischen Strukturen in den beiden Ländern, sondern auch auf die bestehenden unterschiedlichen Abhängigkeiten vom Außenhandel und von ausländischen Investitionen.

Jetzt da er die Früchte seines jahrelangen Einsatzes für die Volkswirtschaft reifen sah, war Maynard Keynes gesundheitlich angeschlagen und mußte kürzer treten. Dennoch ließ er es sich nicht nehmen, Diskussionen im Unterhaus beizuwohnen und erzürnt über die dort gesprochenen Worte am nächsten Tag, jedoch im Oberhaus, die Rednertribüne zu besteigen, um den Kompromißvorschlag für den internationalen Währungsfonds zu verteidigen.[175]

---

[175] Vgl. D. Moggridge, Maynard Keynes An Economist´s Biography, 1992, S. 721 ff.

In der dritten Juni-Woche 1944 schiffte sich Maynard Keynes, nebst seiner Gattin Lady Keynes, auf der Queen Mary ein, um der Einladung des amerikanischen Finanzministers nach Bretton-Woods Folge zu leisten.

Nach einer Vorbereitungskonferenz in Atlantic City traf er am Ende des Monats Juni im Bundesstaat New Hampshire ein. Dort kamen 730 Delegierte aus 44 Staaten zusammen und nach dreiwöchigen Beratungen waren 500 Dokumente und 1200 Druckseiten verfaßt worden. Es waren drei Kommissionen gebildet worden, wobei White die Kommission leitete, die sich mit dem geplanten Fonds beschäftigte, Keynes die Leitung für die Kommission mit dem Thema Banken inne hatte und eine dritte, deren Vorsitz Eduardo Suarez übertragen worden war, mit der Aufgabe, andere Formen internationaler Zusammenarbeit auf finanziellem Gebiet zu bearbeiten.

Um das Arbeitspensum erfüllen zu können wurden weitere Ausschüsse gebildet, wobei diese bei Fragen oder strittigen Punkten sich meist direkt an den jeweiligen Leiter der Kommission wandten. Das Resultat dieser drei Wochen dauernden Konferenz ist als der Kompromiß von Bretton Woods in die Wirtschaftsgeschichte eingegangen. Man hatte sich auf eine Weltwährungsordnung mit festen Wechselkursen geeinigt. Anders als beim Goldstandard war es nun möglich, die Wechselkursparitäten je nach wirtschaftlicher Leistungskraft des betreffenden Landes durch Auf- und Abwertungen anzupassen, wobei die Kurse innerhalb einer Bandbreite von einem Prozent schwanken durften.

Um das System zu stabilisieren wurde der Internationale Währungsfond gegründet, der es den Mitgliedsstaaten ermöglichte, kurzfristige Zahlungsbilanzdefizite durch Kreditaufnahmen auszugleichen, ohne gleich die eigene Währung abwerten zu müssen. Der IWF wurde mit einem Kapital von 8,8 Milliarden Dollar ausgestattet. Des weiteren wurde die Einrichtung einer Internationalen Bank für Wiederaufbau und Entwicklung mit einem Kapital von 9,1 Milliarden Dollar verabschiedet. Diese sollte der Förderung von Auslandsinvestitionen insbesondere in wirtschaftlich unterentwickelten Ländern dienen.[176]

Trotz der Pflege und Ermahnungen seiner Frau erlitt Maynard Keynes während der Verhandlungen aufgrund seines Arbeitseinsatzes und persönlicher Anteilnahme einen leichten Herzinfarkt, der ihn aber nicht abhalten konnte am Schlußtag der Versammlung eine mitreißende Rede zu halten. Diese brachte ihm nicht nur minutenlangen Applaus ein, sondern als er den Saal verließ hatten sich die Delegierten erhoben und

---

[176] Vgl. M. North, Das Geld und seine Geschichte, 1994, S. 193

„For he's a Jolly Good Fellow" angestimmt. Ein Mitstreiter dieser Tage schrieb dazu in sein Tagebuch:

„In gewisser Weise ist das einer der größten Triumphe seines Lebens. Skrupulös seinen Instruktionen folgend und im ständigen Kampf gegen Erschöpfung und Leibesschwäche, hatte er die Konferenz von Anfang bis Ende beherrscht."[177]

Nach einem kurzen Erholungsaufenthalt in Großbritannien machte sich das Ehepaar Keynes bereits im Herbst 1944 wieder auf den Weg nach Amerika. Als Vertreter des Schatzkanzlers sollte er die Details der „Phase II" des Leih- und Pachtgesetzes mit den Amerikanern aushandeln. Die Bezeichnung „Phase II" bezog sich auf den Zeitraum zwischen dem Sieg über Deutschland und dem Sieg über Japan. Gerade vor dem Hintergrund der finanziellen Lage Großbritanniens war der Ausgang der Verhandlungen von immens wichtiger Bedeutung. Die Gold- und Dollarreserven der Bank of England neigten sich nun endlich dem Ende zu und die Einschätzung, daß England seinen Export verfünffachen muß um seine Zahlungsfähigkeit zu erhalten, trugen das ihre bei.

Bereits im Vorfeld hatte es Verhandlungen zwischen dem Präsidenten Roosevelt und dem Premierminister Churchill in Kanada gegeben. Dort konnten Übereinstimmungen erzielt werden in bezug auf die Freisetzung des britischen Exports und die Genehmigung von Grundmittellieferungen nach Großbritannien, um die Umstellung auf eine den Friedenszeiten entsprechende Produktion zu erleichtern. Einzelheiten jedoch sollte Maynard Keynes als Abgesandter des britischen Finanzministers mit den Amerikanern klären. Nach zwei Monaten konnte Maynard Keynes mit Teilerfolgen und Weihnachtsgeschenken im Gepäck die Heimreise antreten. In welchen Punkten er eine Übereinstimmung erzielen konnte würde im Rahmen dieses Buches zu weit führen. Nur so viel: neben Militärgütern ging es auch um die Versorgung der Bevölkerung mit Tabak - wobei ihn dies als Raucher bestimmt interessierte - Zucker, Öl und Ausgaben für die Frachtkosten für diese Güter.[178]

---

[177] C. Hession, John Maynard Keynes, 1986, S. 472
[178] Vgl. D. Moggridge, Maynard Keynes An Economist's Biography, 1994, S. 776 ff.

5.4 Die letzten Monate (1945-1946)

Nach einem ausgiebigen Weihnachts- und Neujahrfest auf dem Landgut in Sussex wurde Maynard Keynes nach seiner Rückkehr in das Schatzamt von den Themen der britischen Beschäftigungs- und Sc huldenpolitik erneut gefesselt. Doch er arbeitete auch weiterhin an der Umsetzung des IWF, wohnte Gesprächen über die britisch-amerikanische Handelspolitik bei, nahm an Diskussionen über die Behandlung Deutschland nach dem Krieg vor und nach dem Treffen der großen Drei auf Yalta teil und leitete die Beratungen über eine monetäre Nachkriegspolitik.

Mit dem Sieg über Japan am 15. August 1945 s chließlich wurde dem Leih- und Pachtgesetz die Grundlage entzogen und es trat in Phase III e in. Die Vereinigten Staaten reagierten mit einem sofortigen Stop aller Lieferungen an die Verbündeten. Für England, das auf ein langsames Auslaufen der Hilfe gehofft hatte, bedeutete dies von nun an alle Lieferungen bezahlen zu müssen.[179]

Bereits seit Beginn des Jahres hatte sich Maynard Keynes Gedanken über die wirtschaftliche Situation und insbesondere die Verschuldungslage Großbritanniens gemacht und d iese in einem Memorandum niedergeschrieben. Seiner Ansicht nach mußte man zwischen drei Handlungsalternativen wählen. Die erste Alternative, er nannte sie „Hunger", ist die Schulden einfach zu ignorieren, wobei dies Vergeltungsmaßnahmen nach sich ziehen würde. Die zweite Alternative mit dem Namen „Versuchung" ist die Aufnahme einer amerikanischen Anleihe in einer Größenordnung von fünf bis acht Millionen Dollar, wobei hier die Konditionen von Amerika diktiert werden würden und man höher verschuldet als der Verlierer Deutschland aus dem Krieg hervorgehen würde. „Gerechtigkeit", die dritte und vo n ihm bevorzugte Alternative, sah vor von den Vereinigten Staaten eine Summe von drei Milliarden Dollar zu verlangen. Diese Summe entsprach den britischen Ausgaben für den gemeinsam geführten Krieg vor dem Inkrafttreten des Leih- und Pac htgesetzes. Er hoffte zusätzlich auf die Bewilligung eines Krediites in Höhe von bis zu fünf Milliarden Dollar zu einem symbolischen Zins und für einen bestimmten Zeitraum von Seiten der Amerikaner, da ein starkes Großbritannien in ihrem Interesse liegen mußte.[180]

Zusammen mit Lord Halifax wurde Maynard Keynes umgehend nach Amerika entsandt um Gespräche diesbezüglich aufzunehmen. Schon die Vorzeichen für die Ver-

---

[179] Vgl. W. Benz (Hrsg.), Europa nach dem zweiten Weltkrieg, Band 35, 1998, S. 84
[180] C. Hession, John Maynard Keynes, 1986, S. 475 ff.

handlungen in New York standen schlecht. Aufgrund des Todes von Präsident Roosevelt am 12. April 1945 war die neue Regierung mit den Problemen Großbritanniens nicht näher bewandert und der pro-britische Finanzminister Morgenthau war von dem konservativen Demokraten Frederic M. Vinson abgelöst worden.

Keynes eröffnete die Verhandlungen mit einer Darstellung der britischen Situation und wieder wurden Kommissionen, die mit verschiedenen Themengebieten betraut wurden, gebildet. Nachdem sich die Verhandlungsgespräche über einen Zeitraum von drei Monaten erstreckt hatten, wurde offensichtlich, daß die Vereinigten Staaten nur bedingt auf die britischen Vorschläge eingehen werden. Das Abkommen sah vor Großbritannien eine Anleihe über 3,75 Milliarden Dollar mit zwei Prozent Zinsen und einer Laufzeit von fünfzig Jahren zu gewähren, zudem wurden die britischen Kriegsschulden von zwölf Milliarden auf 650 Millionen US-Dollar reduziert. Das Vereinigte Königreich sollte in die Lage versetzt werden, den von ihr übernommenen Handelsverpflichtungen nachzukommen. An anderer Stelle allerdings mußte sich England verpflichten, alle Handelshemmnisse und Devisenkontrollen vollständig abzuschaffen und die Konvertierbarkeit des Pfund Sterling bis Mitte 1947 wieder herzustellen, was in Großbritannien als diskriminierend empfunden wurde.[181]

Nachdem das Abkommen geschlossen wurde, mußte es noch im amerikanischen Kongreß bzw. im britischen Parlament verabschiedet werden. Auf beiden Seiten des Atlantik entfachte es einen erbitterten Streit, der den anglo-amerikanischen Beziehungen nicht zuträglich war. Letztendlich führte die Verschlechterung der diplomatischen Beziehungen zur Sowjetunion und der somit notwendig gewordenen Solidarität der westlichen Mächte zur Ratifizierung des Abkommens in beiden Ländern.[182]

Fast schon zur Gewohnheit geworden wurden Maynard Keynes nach seiner Rückkehr aus den Staaten weitere Ehrungen verliehen. Diesmal war es die Ehrendoktorwürde der Universität Edinburgh, der Sorbonne und der Universität Cambridge. Doch er konnte auch diesmal nicht zur Ruhe kommen. Kaum drei Monate in England reiste er zum Eröffnungstreffen des Verwaltungsrats des Internationalen Währungsfonds und der Internationalen Bank für Wiederaufbau und Entwicklung nach Savannah. Es sollte sein letzter Aufenthalt in den Staaten sein. Die Tagesordnung sah die Wahl des Standorts für den Fonds und die Bank und die Festlegung der Gehälter und Funktionen der leitenden Direktoren der einzelnen Institutionen vor. Doch sowohl bei der

---

[181] Vgl. M. North, Das Geld und seine Geschichte, 1994, S. 194
[182] Vgl. D. Moggridge, Maynard Keynes An Economist 's Biography, 1994, S. 796 ff.

Standortfrage als auch bei der Höhe der Gehälter und Stellung der Direktoren kam es zu Differenzen zwischen der britischen und amerikanischen Delegation. Bis zuletzt hielt Maynard Keynes seine Zustimmung im Namen der britischen Regierung zurück und trotz der Unterstützung von Frankreich und Indien mußte er dem Standort Washington zustimmen. Er hatte sich ursprünglich für einen Sitz in New York ausgesprochen. Er wollte diese weltweit operierende Institution in der Nähe der Vereinten Nationen und nicht in der Hochburg der amerikanischen Politik wissen. Zwar konnte er durchsetzten, daß die zwölf Direktoren des Fonds nicht in einem Vollzeitbeschäftigungsverhältnis dort angestellt werden, aber bei der Gehaltshöhe mußte er sich erneut den amerikanischen Vorstellungen anschließen. Enttäuscht aber auch erzürnt über die impertinente Haltung der Amerikaner, die ihre Stellung als politische und wirtschaftliche Macht auszunutzen wußten, reiste Maynard Keynes noch am Abend des Festaktes mit dem Zug nach New York. Es wird berichtet, daß er bereits im Zug einen weiteren schweren Herzinfarkt hatte. Dennoch fand er während der Überfahrt nach England die Zeit, ein wichtiges Memorandum über die Geschehnisse in Savannah für das Schatzamt anzufertigen.

Nachdem er seinen Arzt in London konsultiert hatte, brach das Ehepaar Keynes nach Tilton auf um dort die Osterferien zu verbringen. Jeden Morgen verbrachte er mehrere Stunden mit der Bearbeitung von offiziellen Schriftstücken, um dann an einem weiteren Memorandum über den Kriegshaushalt zu schreiben. Er legte dem Schatzkanzler nahe, daß er, wenn er einen plötzlichen Zusammenbruch der verfolgten Politik entgegenwirken möchte, von der Stabilisierung der Lebenshaltungskosten abweichen muß. Eine gewisse und gesteuerte Erhöhung der Einkommen und Preise wäre nun angemessen. Zusätzlich äußerte er sich, daß er eine Inflation aufgrund von Preisveränderungen als wahrscheinlicher erachtet als eine Inflation, die aufgrund einer steigenden Nachfrage entsteht, ohne aber eine Lösung für dieses Problem anzubieten. Am Ostersonntag dem 21. April 1947 hatte er im Beisein seiner Frau einen weiteren Herzinfarkt und binnen drei Minuten verstarb Maynard Keynes, gerade mal 63 Jahre alt.[183]

In seinem Letzten Willen hatte er verfügt, daß seine Asche in der Kings College Chapel beigesetzt wird. Da sein Bruder diesen letzten Wunsch von ihm nicht respek-

---

[183] Anhang VIII, S. 145

tierte, wurde dort in Erinnerung an den großen Ökonom ein Denkmal für Maynard Keynes errichtet.[184]

---

[184] Vgl. D. Moggridge, Maynard Keynes, An Economist´s Biography, 1994, S. 822 ff.

6 Schlußwort

„In der Praxis werden Reformer nur dann erfolgreich sein, wenn sie fähig sind, mit Beharrlichkeit ein klares und eindeutiges Ziel zu verfolgen, dem ihr Herz und Verstand gleichermaßen gehören." (John Maynard Keynes)[185]

Daß Maynard Keynes mit Herz und Verstand seine Theorien entwickelte und mit Beharrlichkeit um deren Durchsetzung gekämpft hatte, wurde in diesem Buch dargestellt.
Er vermochte noch zu Lebzeiten durch sein persönliches Engagement in Form des volkswirtschaftlichen Club oder Vorlesungen in Cambridge für die akademische Verbreitung und Verständnis seiner Theorien zu sorgen und durch unzählige Memoranden, Artikel, Vorträge und Briefe weltweit die Wirtschaftspolitik zu beeinflussen.
So wurde erstmals in Großbritannien das Kriegsbudget von 1941 nicht mehr auf der Grundlage eines ausgeglichenen Haushaltes, sondern in Hinblick auf eine ausgeglichene Volkswirtschaft erstellt. Ebenso trug das britische Weißbuch zur Beschäftigungslage von 1944 Maynard Keynes Handschrift und zwei Jahre später wurde auch in Amerika ein Beschäftigungsgesetz verabschiedet, daß dieses eindeutig erkennen ließ.
Zwar sprach auch später Präsident Nixon davon, daß wir heute alle Keynesianer sind, aber insgesamt gesehen wurden Keynes Ideen bezüglich einer Fiskalpolitik viel zu zögerlich, phantasielos und nur wenn die Wirtschaft Stimulation brauchte, aber nicht wenn sie gedämpft werden mußte, umgesetzt.
Eine seiner engsten Vertrauten, Joan Robinson, äußerte sich hierzu mit den Worten:
„Die fünfundzwanzig Jahre nach dem Krieg, die ohne größere Rezession abgelaufen sind, sind Keynes Zeitalter genannt worden, aber mit seiner Vision hatten sie nicht viel gemein."[186]
Für die akademische Verbreitung seiner Theorien in Amerika, wo sie auf fruchtbaren Boden fielen, sorgten insbesondere Alvin Hansen und Paul Samuelson. John Hicks, ein Kritiker der ersten Stunde und Professor aus Oxford, bekannte später, daß er zu

---

[185] Vgl. C. Hession, John Maynard Keynes, 1986, S. 281
[186] C. Hession, John Maynard Keynes, 1986, S. 507

Keynes konvertiert sei bzw. er sich selber durch die Arbeit an den Ideen von Keynes konvertierte. Die Arbeit, von der er hier sprach, ist das von ihm entwickelte und von Hansen später aufgenommene IS-LM-Modell. Wobei weder dieses noch das Fünfundvierzig-Grad-Diagramm von Samuelson der eigentlichen Ursprungslehre von Keynes entspricht. Hicks widerrief später sogar die Gültigkeit seines Diagramms. Keynes Theorien basierten auf von ihm angestellten Untersuchungen, seiner Intuition und auf dem veränderlichen, nicht vorhersagbaren geschichtlichen Zusammenhang. Die Neo-Keynesianer, die von Joan Robinson „Bastard-Keynesianer" getauft wurden, versuchten diese Überlegungen in einem mathematischen Ansatz zu erklären und gelangten zu einer Fehlinterpretation. Alex Leijonhufvud bemerkte dazu:

„Es liegt in der Natur aller großen Innovationen, daß die Vision des Neuerers selbst und derer, die ihm Gehör schenken, voneinander abweichen. Ein fehlerhaftes Modell hat deshalb gute Aussichten, in der Weise „korrigiert" zu werden, daß es eher der Weltanschauung seines Interpreten als der des Urhebers entspricht. Das, so scheint es, ist auch mit Keynes passiert."[187]

Egal ob mißverstanden oder falsch interpretiert, es bleibt festzuhalten, daß John Maynard Keynes einer der wichtigsten Ökonomen des 20. Jahrhunderts war und es verstanden hatte, die Volkswirtschaftslehre nachhaltig zu beeinflussen.

Nur einmal hatte er, trotz seiner sonst immer voraussehenden Einbeziehung der Geschichte, geirrt. Nämlich als er sagte, daß wir langfristig gesehen alle tot sein werden. Er wird, wenn auch nur in den Diskussionen über seine Theorien und wie man sie in der Wirtschaft und Politik richtig anwendet, weiter leben.

---

[187] C. Hession, John Maynard Keynes, 1984, S. 503

Anhang I

Harvey Road Nr. 6

Quelle: Private Aufnahme September 2000, Cambridge

Anhang II

Der junge Maynard Keynes gemalt von Duncan Grant

Quelle: www.britanica.com

Anhang III

John Maynard Keynes und Irving Fisher

Quelle: www.frbsf.org/images/greatecon/keyfish.gif

Anhang IV

Süd-England
Cambridge / London / Tilton nahe Lewes

Quelle: www.ordsvy.gov.uk

Anhang V

Cambridge

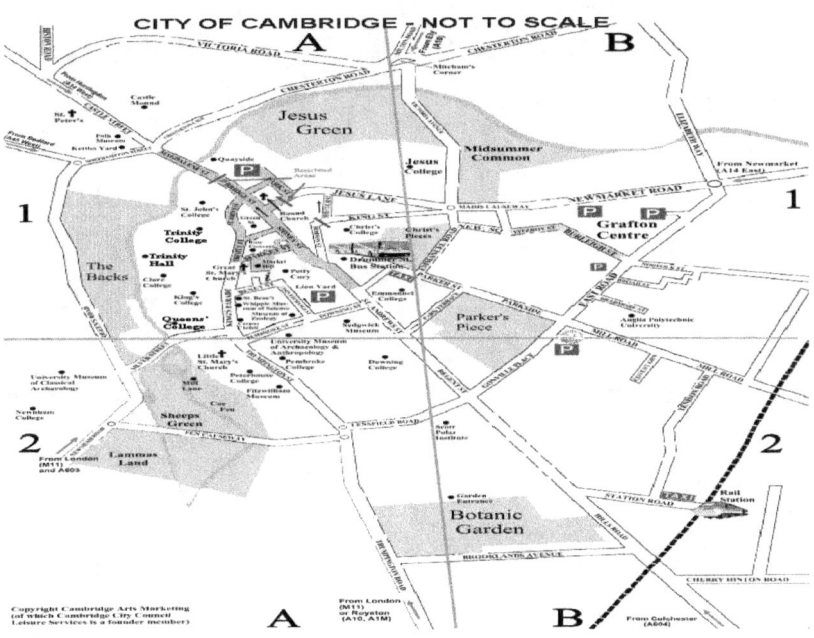

Quelle: www.cambridge.gov.uk

Anhang VI

Lend Lease Act, 11 March 1941

AN ACT Further to promote the defense of the United States, and for other purposes.

Be it enacted by the Senate add House of Representatives of the United States of America in Congress assembled, that this Act may be cited as "An Act to Promote the Defense of the United States".

SEC. 2.
As used in this Act
(a) The term "defense article" means
(1) Any weapon, munition. aircraft, vessel, or boat;
(2) Any machinery, facility, tool, material, or supply necessary for the manufacture, production, processing, repair, servicing, or operation of any article described in this subsection;
(3) Any component material or part of or equipment for any article described in this subsection;
(4) Any agricultural, industrial or other commodity or article for defense.
Such term "defense article" includes any article described in this subsection: Manufactured or procured pursuant to section 3, or to w hich the United States or any foreign government has or hereafter acquires title, possession, or control.

(b) The term "defense information" means any plan, specification, design, prototype, or information pertaining to any defense article.

SEC. 3.
(a) Notwithstanding the provisions of any other law, the President may, from time to time. when he deems it in the interest of national defense, authorize the Secretary Of War, the Secretary of the Navy, or the bead of any other department or agency of the Government

(1) To manufacture in arsenals, factories, and shipyards under their jurisdiction, or otherwise procure, to the extent to which funds are made available therefor, or contracts are authorized from time to time by the Congress, or both, any defense article for the government of any country whose defense the President deems vital to the defense of the United States.

(2) To sell, transfer title to, exchange, lease, lend, or otherwise dispose of, to any such government any defense article, but no defense article not manufactured or procured under paragraph (1) shall in any way be disposed of under this paragraph, except after consultation with the Chief of Staff of the Army or the Chief of Naval Operations of the Navy, or both. The value of defense articles disposed of in any way under authority of this paragraph, and procured from funds heretofore appropriated, shall not exceed $1,300,000,000. The value of such defense articles shall be determined by the head of the department or agency concerned or such other department, agency or officer as shall be designated in the manner provided in the rules and regulations issued hereunder. Defense articles procured from funds hereafter appropriated to any department or agency of the Government, other than from funds authorized to he appropriated under this Act. shall not be disposed of in any way under authority of this paragraph except to the extent hereafter authorized by the Congress in the Acts appropriating such funds or otherwise.

(3) To test, inspect, prove, repair, outfit, recondition, or otherwise to place in good working order, to the extent to which funds are made available therefor, or contracts are authorized from time to time by the Congress, or both, any defense article for any such government, or to procure any or all such services by private contract.

(4) To communicate to any such government any defense information pertaining to any defense article furnished to such government under paragraph (2) of this subsection.

(5) To release for export any defense article disposed of in any way under this subsection to any such government.

(b) The terms and conditions upon which any such foreign government receives any aid authorized under subsection (a) shall be those which the President deems satisfactory, and the benefit to the United States may he payment or repayment in kind or property, or any other direct or indirect benefit which the President deems satisfactory.

(c) After June 30, 1943, or after the passage of a concurrent resolution by the two Houses before June 30, 1943, which declares that the powers conferred by or pursuant to subsection (a) are no longer necessary to promote the defense of the United States, neither the President nor the head of any department or agency shall exercise any of the powers conferred by or pursuant to subsection (a) except that until July 1, 1946, any of such powers may be exercised to the extent necessary to carry out a

contract or agreement with such a foreign government made before July 1,1943, or before the passage of such concurrent resolution, whichever is the earlier.

(d) Nothing in this Act shall be construed to authorize or to permit the authorization of convoying vessels by naval vessels of the United States.

(e) Nothing in this Act shall be construed to authorize or to permit the authorization of the entry of any American vessel into a combat area in violation of section 3 of the neutrality Act of 1939.

SEC. 4

All contracts or agreements made for the disposition of any defense article or defense information pursuant to section 3 shall contain a clause by which the foreign government undertakes that it will not, without the consent of the President, transfer title to or possession of such defense article or defense information by gift, sale, or otherwise, or permit its use by anyone not an officer, employee, or agent of such foreign government.

SEC. 5.

(a) The Secretary of War, the Secretary of the Navy, or the head of any other department or agency of the Government involved shall when any such defense article or defense information is exported, immediately inform the department or agency designated by the President to administer section 6 of the Act of July 2, 1940 (54 Stat. 714). Of the quantities, character, value, terms of disposition and destination of the article and information so exported.

(b) The President from time to time, but not less frequently than once every ninety days, shall transmit to the Congress a report of operations under this Act except such information as he deems incompatible with the public interest to disclose. Reports provided for under this subsection shall be transmitted to the Secretary of the Senate or the Clerk of the House of representatives, as the case may be, if the Senate or the House of Representatives, as the case may be, is not in session.

SEC. 6.

(a) There is hereby authorized to be appropriated from time to time, out of any money in the Treasury not otherwise appropriated, such amounts as may be necessary to carry out the provisions and accomplish the purposes of this Act.

(b) All money and all property which is converted into money received under section 3 from any government shall, with the approval of the Director of the Budget. revert to the respective appropriation or appropriations out of which funds were expended with respect to the defense article or defense information for which such consideration is received, and shall be available for expenditure for the purpose for which such expended funds were appropriated by law, during the fiscal year in which such funds

are received and the ensuing fiscal year; but in no event shall any funds so received be available for expenditure after June 30, 1946.

SEC. 7.
The Secretary of War, the Secretary of the Navy, and the head of the department or agency shall in all contracts or agreements for the disposition of any defense article or defense information fully protect the rights of all citizens of the United States who have patent rights in and to any such article or information which is hereby authorized to he disposed of and the payments collected for royalties on such patents shall be paid to the owners and holders of such patents.

SEC. 8.
The Secretaries of War and of the Navy are hereby authorized to purchase or otherwise acquire arms, ammunition, and implements of war produced within the jurisdiction of any country to which section 3 is applicable, whenever the President deems such purchase or acquisition to be necessary in the interests of the defense of the United States.

SEC. 9.
The President may, from time to time, promulgate such rules and regulations as may be necessary and proper to carry out any of the provisions of this Act; and he may exercise any power or authority conferred on him by this Act through such department, agency, or officer as be shall direct.

SEC. 10.
Nothing in this Act shall be construed to change existing law relating to the use of the land and naval forces of the United States, except insofar as such use relates to the manufacture, procurement, and repair of defense articles, the communication of information and other noncombatant purposes enumerated in this Act.

SEC 11.
If any provision of this Act or the application of such provision to any circumstance shall be held invalid, the validity of the remainder of the Act and the applicability of such provision to other circumstances shall not be affected thereby.

Approved, March 11, 1941.

Quelle: Public Laws. Part 1 of United States Statutes at Large Containing the Laws and Concurrent Resolutions
Enacted During the First Session of the Seventy-Seventh Congress of the United States of America, 1941-1942, and Treaties, International Agreements Other than Treaties, and Proclamations. Vol. 55 (Washington: Government Printing Office, 1942): 31-33.

Anhang VII

Atlantik-Charta (14. August 1941)

Der Präsident der Vereinigten Staaten und Premierminister Churchill als Vertreter der britischen Regierung haben es auf ihrer Zusammenkunft als zweckmäßig erachtet, gewisse gemeinsame Grundsätze der Politik ihrer beiden Länder bekanntzugeben, Grundsätze, auf denen sie eine bessere Zukunft der Welt aufzubauen hoffen:

1. Ihre Länder suchen keinen Gewinn, weder territorialer noch anderer Natur.

2. Sie streben keine territorialen Veränderungen an, die nicht mit den frei zum Ausdruck gebrachten Wünschen der beteiligten Völker übereinstimmen.

3. Sie respektieren das Recht aller Völker, die Regierungsform zu wählen, unter der sie leben wollen, und es ist ihr Wunsch, daß souveräne Rechte und eine autonome Regierung all denen zurückgegeben werden, denen sie entrissen worden sind.

4. Sie werden sich bemühen, unter voller Beachtung ihrer bestehenden Verpflichtungen, für alle Staaten, groß oder klein, Sieger oder Besiegte, zu gleichen Bedingungen besseren Zugang zum Handel und zu den Rohstoffen der Welt zu schaffen, die zum wirtschaftlichen Wohlstand der Staaten benötigt werden.

5. Es ist ihr Bestreben, auf wirtschaftlichem Gebiet die volle Zusammenarbeit aller Nationen herbeizuführen, um für alle verbesserte Arbeitsbedingungen, wirtschaftlichen Aufschwung und soziale Sicherheit zu gewährleisten.

6. Nach der endgültigen Vernichtung der nationalsozialistischen Tyrannei hoffen sie, daß ein Friede geschlossen werde, in dessen Rahmen alle Nationen die Möglichkeit gegeben wird, innerhalb ihrer Grenzen in Sicherheit zu leben und der die Gewähr dafür bieten wird, daß alle Menschen in allen Ländern ihr Leben frei von Furcht und Not führen können.

7. Ein solcher Friede soll alle in die Lage versetzen, die Meere ungehindert befahren zu können.

8. Sie glauben, alle Völker der Welt müssen aus realpolitischen und aus geistigen Gründen auf die Anwendung von Gewalt verzichten. Da kein künftiger Frieden gewahrt bleiben kann, wenn Völker, die über ihre Grenzen hinaus durch ständige Aufrüstung zu Wasser, zu Lande und in der Luft mit Angriffen drohen, so glauben sie, daß die Entwaffnung solcher Länder bis zur Festlegung eines breiter gefaßten und dauernden Systems allgemeiner Sicherheit wesentlich ist. [...]

Quelle: www.psm-data.de

Anhang VIII

John Maynard Keynes (1883-1946)

Quelle: cepa.newschool.edu/net/profiles/keynes.htm

Literatur- und Quellenverzeichnis

Benz, Wolfgang (Hrsg.) Weltgeschichte: Das Zwanzigste Jahrhundert II, Augsburg: Weltbild Verlags GmbH, 1998

Blang, Mark John Maynard Keynes Life, Ideas, Legacy, New York: St. Martins Press, 1990

Churchill, Winston Der zweite Weltkrieg, Bern, München Wien: Scherz Verlag, 1992

Felix, David Keynes A Critical Life, Westport: Greenwood Press, 1999

Felix, David Biography of an Idea John Maynard Keynes and The General Theory of Employment, Interest and Money, New Jersey: Transaktion Publishers, 1995

Hession, Charles H. John Maynard Keynes: A Personal Biography Of The Man Who Revolutionized Capitalism And The Way We L ive (John Maynard Keynes, engl.) übers. von Ulrich Enderwitz, Stuttgart: Ernst Klett Verlag GmbH &. Co. KG, 1986

John Maynard Keynes A Treatise On Money, Volume I und II, London: Macmillan, 1950

John Maynard Keynes The General Theory of Employment, Interest and Money, Kent: Harcourt, Brace & World,1964

Mini, Piero John Maynard Keynes, New York: St. Martins Press, 1994

Moggridge, Donald E. Maynard Keynes An Economist's Biography, London: Routledge, 1992

North, Michael　　　　　　Das Geld und s eine Geschichte, München: Verlag C.H. Beck, 1994

Palmade Prof., Guy (Hrsg.)　　Weltgeschichte: Das bürgerliche Zeitalter, Augsburg: Weltbild Verlags GmbH, 1998

Parker, R. A. C. (Hrsg.) Weltgeschichte: Das Zwanzigste Jahrhundert I, Augsburg: Weltbild Verlags GmbH, 1998

Ploetz Dr., Karl J.　　　　Der große Ploetz, Freiburg: Verlag Ploetz; 1981

Skidelsky, Robert　　　　John Maynard Keynes Hopes Betrayed 1883-1920, London: Macmillan, 1992

Skidelsky, Robert　　　　John Maynard Keynes An Economist as Saviour 1920-1937,London: Macmillan, 1994

Personenverzeichnis

Ashley, William James (später Sir William) (1860-1927), Wirtschaftsgeschichte; Ausbildung in Balliol College, Oxford; Fellow von Lincoln College, 1885-1888; Professor für Volkswirtschaft, Universität Toronto, 1888-1892; Professor für Wirtschaftsgeschichte, Harvard Universität, 1892-1901; Professor für Handel, Universität Birmingham, 1901-1925

Barouchi, Randolfo, erster Ehemann von Lydia Lopokova, 1916-1925; Manager des Diaghilev-Balletts

Bell, Arthur Clive Heward (1881-1964), Kunstkritiker; Ausbildung in Marlborough und Trinity College, Cambridge; Bloomsbury-Mitglied; heiratete Vanessa Stephen, 1907

Bell, Vanessa (1879-1961), Malerin; zog mit ihrer Schwester und Bruder in Gorden Square 46; Bloomsbury-Mitglied; heiratete Clive Bell, 1907; Affäre mit Roger Fry, 1911-1912; mit Duncan Grant ab 1914

Brown, John (1830-1932), Großvater von JMK; Pastor in Bedford

Chamberlain, Joseph Austen (1863-1937), Politiker; Ausbildung in Rugby und Trinity College, Cambridge; Schatzkanzler, 1903-1905; Staatssekretär für Indien, 1915-1917; Staatssekretär des Außenministeriums, 1924-1929; Erster Lordadmiral, 1931

Churchill, Winston Leonard Spencer (später Sir Winston) (1874-1965), Staatsmann; Ausbildung in Harrow und Sandhurst; Mitglied des Parlament (Unionist), 1900-1904; (Liberale), 1904-1922; (Konservative), 1924-1964; Präsident der Handelskammer, 1908-1910; Sekretär des Inneren, 1910-1911; erster Lordadmiral, 1911-1915, 1939-1940; Munitionsminister, 1917-1918; Sekretär des Kriegsministeriums, 1918-1921; Sekretär der Kolonien, 1921-1922; Schatzmeister, 1924-1929; Premierminister, 1940-1945, 1951-1955; Führer der Opposition, 1945-1951

Cunliffe, Walter (später Lord Cunliffe) (1855-1920), Banker; Ausbildung in Harrow und Trinity College, Cambridge; gründete Cunliffe Brothers Handelsbank, 1890; Director der Bank of England, 1895-1911; stellvertretender Gouverneur, 1911-1913; Gouverneur, 1913-1918

Cuno, Wilhelm (1876-1933) Deutscher Reichskanzler, 1922-1923

Dawes, Charles Gates (1865-1951), Geschäftsmann und Bänker; US- Währungskonroll- Instanz, 1897-1901; Direktor des Budgetbüro, 1921-1922; Vize- Präsident, 1925-1929; Botschafter in Großbritannien, 1929-1932; Friedensnobelpreis, 1925

Diaghilev, Serge Pavlovich (1872-1929), russischer Impresario, brachte die russische Oper und Ballett nach Paris, 1909-1910; erste Saison in London, 1911

Erzberger, Mattias (1875-1921), deutscher Politiker; Finanzminister 1919-1920

Falk, Oswald Toynbee (1879-1972), Finanzier; Ausbildung in Rugby und Balliol College, Oxford; Schatzamt, 1917-1919; Partner von Buckmaster & Moore, 1919-1932; Falk und Partners, 1932-1972

Fisher, Irving Norton (1867-1947) Professor für Voklswirtschaftslehre Yale Universität, 1900-1935

Grant, Duncan James Corrower (1885-1978), Maler; Cousin von Lytton Strachey; Ausbildung St Paul's und Westminster School of Art; Bloomsbury-Mitglied; Affäre mit JMK, ab 1908; Zusammenleben mit Vanessa Bell ab 1915; Mitglied der London Arts Association, 1925-1931

Hansen, Alvin H. (1887-1975), Volkswirt; Universität Minnesota, 1921-1937; Chef-Volkswirtschaftlicher-Annalist, Abteilung des Staates, 1934-1935; spezial ökonomischer Berater der Federal Reserve Board, 1940-1945; Professor für Volkswirtschaftslehre, Harvard, 1937-1956

Harrod, Roy F orbes (später Sir Roy) (1900-1978), Volkswirt; Ausbildung in Westminster und New College, Oxford; Student in Christ Church, Oxford, 1923-1967; Universitätsdozent für Volkswirtschaft, 1929-1937, 1946-1952; Premierminister statistisches Büro, 1940; PM 's Büro, 1940-1942; Statistischer Berater für die Admiralität, 1943-1945; Fellow vom Nuffield College, Oxford, 1938-1947; Nuffield Dozent für Volkswirtschaftslehre, 1952-1967

Henderson, Hubert Douglas (später Sir Hubert) (1890-1952), Volkswirt; Ausbildung in Rugby und Emmanuel College, Cambridge; Fellow von Clare College, Cambridge, 1919-1923; Universität Lehrbeauftragter für Volkswirtschaftslehre, 1919-1923; Herausgeber *The Nation and Athenaeum*, 1923-1930; gelegentlicher Sekretär des Ökonomischen Beraterstabes, 1930-1934; Fellow von All Soul College, Oxford, 1934-1952; volkswirtschaftlicher Berater des Schatzamts, 1939-1944; Professor für Volkswirtschaftslehre, Universität Oxford, 1945-1951; Direktor des All Soul College, Oxford, 1951-1952

Hicks, John Richard (später Sir John) (1904-1989), Volkswirt; Ausbildung in Clifton und Balioll College, Oxford; Lehrbeauftragter für Volkswirtschaftslehre London School of Economics, 1926-1935; Cambridge, 1935-1938; Professor für Volkswirtschaftslehre, Manchester, 1938-1946; Offizieller Fellow Nuffield College, Oxford, 1946-1952; Professor für Volkswirtschaftslehre, Oxford, 1946-1952; Fellow von All Souls, 1952-1965

Hill, Archibald Vivian (1886-1977), Psychologe; Ausbildung in Trinity College, Cambridge; Fellow von Trinity, 1910-1916; von King's 1916-1925; Nobelpreis für Psychologie und Medizin, 1922; Professor für Psychologie, Universität Manchester, 1920-1930; University College, London, 1923-1925; Fullerton Forschungsstipendium, Royal Society, 1926-1951

Hill, Margaret Neville (geb. Keynes) (1885-1970), Schwester von JMK; Ausbildung in Wycombe Abbey; Assistentin des Jugend-Beschäftigungs-Austauschprogrammes gegründet von Florence Keynes, 1907; verheiratet mit A. V. Hill, 1913; gründete Hornsey Housing Trust, 1933; gründete Hill Homes Ltd. für Senioren, 1944

Hobson, John Atkinson (1858-1940), Volkswirt und Publizist; Ausbildung in Derby Schule und Lincoln College, Oxford; *The Psychology of Industry*, 1889, *Imperialism*, 1902

Hoover, Herbert Clark (1874-1964), Ingenieur; 1898-1914; Administrator für Kriegserleichterungen, 1914-1919; US Nahrungsmittel Administrator, 1917-1919; Handelssekretär, 1921-1929; Präsident 1929-1933

Halifax, Lord (Edward Frederick Lindley Wood) (1881-1959); Staatsdiener; Ausbildung in Eton und Christ Church, Oxford; Mitglied des Parlament für Konservativen, 1910-1925; Präsident des Bildungsministeriums, 1922-1924; Vizekönig von Indien, 1925-1931; Sekretär des Kriegsministeriums, 1935, Lord Siegel Bewahrer, 1935-1937; Sekretär des Außenministeriums, 1938-1941; britischer Botschafter in Washington, 1941-1946

Hughes, William Morris (1862-1952), Australischer Gewerkschaftler und Politiker; Mitglied des New South Wales Parlament, 1894-1901; Mitglied des bundesstaatlichen Parlaments, 1901-1952; Parteiführer der Labour und Premierminister, 1915-1917; Parteiführer der Nationalisten und Premierminister, 1917-1923

Kahn, Richard Ferdinand (später Lord Kahn) (1905-1989), Volkswirt; Ausbildung St. Paul's und King's College, Cambridge; Fellow von King's College, Cambridge, 1930-1989; vorübergehend Staatsbeamter in verschiedenen Abteilungen, 1939-1946; Professor für Volkswirtschaftslehre, Universität Cambridge, 1951-1972

Kalecki, Michal (1899-1970), Volkswirt; Institut für Forschung über Wirtschaftszyklen und Preise, Warschau, 1929-1936; Institut für Ökonomie und Statistik, Oxford, 1940-1945; Sekretariat der Vereinten Nationen, 1946-1954; Polnische Akademie der Wissenschaften, 1955-1961; Zentrale Schule der Planung und Statistik, Polen, 1961-1970

Keynes, Florence Ada (geb. Brown) (1861-1958), Mutter von JMK; heiratete John Neville Keynes 1882; aktiv in der Kommunalpolitik und sozialen Belangen; Bürgermeisterin von Cambridge 1932-1933

Keynes, Geoffrey Langdon (1887-1982), Bruder von JMK; Chirurg und Bibliophiler; Ausbildung in Rugby, Pembroke College, Cambridge und St. Bartholomew's Hospital; RAMC 1914-1918; verheiratet mit Margaret Darwin, 1917; Senior Consultant Chirurg der RAF, 1939-1945

Keynes, John Neville (1852-1949), Vater von JMK, Philosoph und Volkswirt; Ausbildung in Amersham Hall, University College, London und Pembroke College, Cambridge; Fellow in Pembroke, 1876-1882; Universitäts Lehrbeauftragter Moral Wissenschaften, Cambridge1884-1911; Universitäts Kanzler, Cambridge, 1910-1925
Keynes, Lydia (Lady Keynes) (geb. Lopokova) (1890-1981), Ballerina, heiratete JMK 1925

Keynes, Margaret Elisabeth (geb. Darwin) (1890-1974), Frau von Geoffrey Keynes

Kitchener, Horatio Herbert (später Earl Kitchener of Khartoum) (1850-1916); Soldat; Ausbildung in Royal Military Academy Woolwich; Offizierspatent, 1871; involviert in Militärbelange in Ägypten und Sudan, 1882-1898; Gernergouverneur des Sudan, 1898; Chefkommandeur in Süd Afrika, 1900-1902; in Indien, 1902-1909; Sekretär des Kriegsministeriums, 1914-1916

Law, Andrew Bonard (1858-1923), Staatsmann; Parlamentsmitglied für die Unionist, 1900-1906, 1906-1910, 1911-1923; Führer der Opposition, 1911; Staatssekretär für die Colonien, 1915-1916; Schatzmeister, 1916-1918; Lord Siegel Bewahrer, 1918-1921; Premierminister, 1922-1923

Lloyd George, David (1863-1945), Staatsmann; liberaler Abgeordneter, 1890-1945; Präsident des Handelsministerium, 1905-1908; Schatzkanzler, 1908-1915; Munitionsminister, 1915-1916; Sekretär des Kriegsministeriums, 1916; P remierminister, 1916-1922

Lubbock, Samuel Gurney (gest. 1958), Rektor; Ausbildung in Eton und King's College, Cambridge; Stellvertretender Schulleiter in Eton, 1897-1934

Mcmillan, Hugo Pattison (Lord Macmillan) (1873-1 952), Richter; Ausbildung in Glasgow und Edinburgh Universitäten; Informationsminister, 1939-1941; Vorsitzender des Komitees über Finanzen und Industrie, 1929-1931; Pilgrim Trust, 1935-1952

Marshall, Alfred (1842-1924), Volkswirt; Ausbildung in Merchant Taylors Schule und St John's College, Cambridge; Fellow von St J ohn's, 1865-1877, 1885-1908; Principal des University College, Bristol, 1877-1871; Professor für Volkswirtschaft, University College, Bristol, 1877-1883; Fellow, Balliol College, Oxford, 1883-1884; Professor für Volkswirtschaftslehre, Cambridge, 1884-1908

MacDonald, James Ramsey (1866-1937), Staatsmann; Mitglied des Parlaments für Labour, 1906-1918, 1922-1935; Premierminister, 1924, 1929-1935

McKenna, Reginald (1863-1943), Staatsmann und Bänker; Ausbildung in Trinity Hall, Cambridge; liberaler Abgeordneter, 1859-1918; erster Lordadmiral, 1908-1911; Sekretär des Innenministeriums, 1911-1915; Schatzkanzler, 1915-1916; Vorsitzender der Midland Bank, 1919-1943

Melchior, Carl (1871-1933), Anwalt und Bänker; Vorstandsmitglied M. M. Warburg & Co., Hamburg, 1902; Partner ab 1917; Mitglied der deutschen Delegation in Versailles, 1919; deutscher Repräsentant bei dem Young Komitee, 1929

Morgenthau, Henry Jr. (1891-1967), Unter-Sekretär und Ausführender-Sekretär des US Schatzamts, 1933-1934; Sekretär, 1935-1945

Norman, Montagu Collet (Lord Norman) (1871-1950), Ausbildung in Eton und King's College, Cambridge; Stellvertretender Direktor der Bank of England, 1918-1920, Direktor 1920-1944

Ohlin, Bertil Gothard (1899-1979), Volkswirt; Professor für Volkswirtschaftslehre Universität Copenhagen, 1924-1930, Stockholm School of Business Administration, 1930-1965; Mitglied des schwedischen Parlaments Liberale Partei, 1938-1970

Paish, Sir George (1867-1957), Volkswirt; Zweiter Herausgeber von *The Statist*, 1884-1900; Berater des Schatzkanzlers, 1914-1916

Pigou, Arthur Cecil (1877-1959), Volkswirt; Ausbildung in Harrow und King's College, Cambridge; Fellow von King's, 1902-1959; Professor für Volkswirtschaftslehre 1908-1943

Plesch, Dr. Janos, JMK Arzt nach 1939

Robbins, Lionel Charles (später Lord Robbins) (1898-1984), Volkswirt; Ausbildung in London School of Economics; Lehrbeauftragter in LSE, 1925-1927; Fellow und Lehrbeauftragter New College, Oxford, 1927-1929; Professor für Volkswirtschaftslehre, Universität von London, 1929-1961; Ökonomische Abteilung des Kriegskabinetts und Mitglied der Durchführorganisation, 1940-1941; Direktor, 1941-1945

Robertson, Dennis Holme (später Sir Dennis) (1890-1963), Volkswirt; Ausbildung in Eton und Trinity College, Cambridge; Fellow von Trinity College, Cambridge, 1914-1938, 1944-1963; Universität Lehrbeauftragter für Volkswirtschaftslehre, 1924-1928; Berater des Schatzamts, 1939-1944; Professor für Volkswirtschaftslehre, Cambridge, 1944-1957

Robinson, Joan (geb. Maurice) (1903-1983), Volkswirtin; Ausbildung in St. Paul's Schule und Griton College, Cambridge; heiratete E. A. G. Robinson, 1924; Assistent Dozentin für Volkswirtschaftslehre, 1931-1937; Lehrbeauftragte, 1937-1949; Dozent, 1949-1965; Professor für Volkswirtschaftslehre, 1965-1971

Roosevelt, Franklin Delano (1882-1945), Präsident der Vereinigten Staaten, 1932-1945

Samuelson, Paul Anthony (geb. 1915), Volkswirt; Ausbildung in Chicago und Harvard; Massachusetts Institut of Technology seit 1940

Sraffa, Piero (1898-1983), Volkswirt; Ausbildung in Turin und London School of Economics; Professor für Volkswirtschaftslehre, Universität von Cagliari, 1925-1983; Universität Lehrbeauftragter für Volkswirtschaft, Cambridge, 1927-1931; Assistent des Forschungsdirektors für Volkswirtschaft, 1935-1963; Dozent in Volkswirtschaftslehre, 1963-1965; Fellow von Trinity College, Cambridge, 1934-1983

Stephen, Thoby, (1880-1906), Bruder von Virginia Woolf und Vanessa Bell; Ausbildung in Clifton und Trinity College, Cambridge; als Anwalt vor Gericht zugelassen 1904

Sidgwick, Henry (1838-1900), Philosoph; Ausbildung in Rugby und Trinity College, Cambridge; Apostel; Fellow von Trinity, 1859-1869; 1885-1900; Ehren Fellow 1881; Knightbridge Professor für Philosophy, 1883-1900

Strachey, Lytton (1880-1932), Biograph und Schriftsteller; Ausbildung in University College, Liverpool und Trinity College, Cambridge; Apostel und Bloomsbury- Mitglied; erstes Buch *Landmarks of French Literatur* (1912); *Eminent Victorians* (1918)

Sumner, Viscount (John Andrew Hamilton) (1859-1934), Richter; Ausbildung in Manchester Gramma school und Balloil College, Oxford; Fellow von Magdalen College, Oxford, 1882-1889; Richter, 1909-1912; Revisionsgerichtshof, 1912-1930

Vinson, Frederic Moore (1890-1953), Direktor, US Büro für Volkswirtschaftliche Stabilisierung, 1943-1945; Bundeskreditadministrator, 1945, Direktor des Kriegsministeriums für Mobilisierung und Rückführung, 1945; Sekretär des Schatzamts, 1945; Bundesrichter, 1946

White, Harry Dexter (1892-1948), Volkswirt; Vize-Direktor der Forschungsabteilung des US Schatzamts, 1934; Direktor der monetären Forschungsabteilung, 1942; US Direktor des IWF, 1946-1947

Woolf, Leonard (1880-1969), Autor; Ausbildung in St. Paul's und Trinity College, Cambridge; Apostel und Bloomsbury- Mitglied; heiratete Virginia Stephen, 1912;

gründete den Hogarth Verlag, 1917; Literaturredakteur der *Nation and Athenaeum*, 1923-1930; Mitgründer und Herausgeber des *Political Quaterly*, 1931-1959

Woolf Adeline Virginia (geb. Stephen) (1882-1941), Schriftstellerin und Kritikerin; heiratete Leonard Woolf, 1912; Buchbesprechungen für die *Times Literary Supplement*, 1905; erstes Buch, *The Voyage Out* (1915); gründete den Hogarth Verlag, 1917

Wilson, Thomas Woodrow (1856-1924), Präsident der Vereinigten Staaten, 1912-1921

Wittgenstein, Ludwig (1889-1951), Philosoph; Ausbildung in Linz, Berlin, Manchester und Trinity College, Cambridge; Apostel; Fellow von Trinity, 1930-1936; Professor für Philosophie, 1939-1947

Quelle: D.E. Moggridge, Maynard Keynes An Economist's Biography, 1992, S.859 ff.

Internet- Adressen- Verzeichnis

cepa.newschool.edu/net/profiles/keynes.htm

www.britanica.com

www.cambrigde.gov.uk

www.frbsf.org/images/greatecon/keyfish.gif

www.ordsvy.gov.uk

www.psm-data.de

Danksagung

Zu aller erst möchte ich mich bei meinen Eltern für die bedingungslose Unterstützung, Geduld und Anregungen bei der Entstehung dieses Buches bedanken.
Ebenso bei meiner Schwester, die mir insbesondere bei dem psychologischen Teil eine wertvolle Hilfe war und in Nachtschichten ein wertvoller Lektor, sowie bei meinem Bruder, der mir nicht nur seine Bücher zur Verfügung stellte, sondern auch mit Rat und Tat mit seinem geschichtlichen Wissen zur Seite stand.
Des weiteren möchte ich mich herzlich bei meinem Professor Dr. Scheiffele bedanken, der durch seine sehr interessanten Vorlesungen mein Interesse für dieses Thema wecken konnte und ein anregender Gesprächspartner war.
Ebenfalls zu erwähnen sind Adrian, dem ich für die Landkarten danken möchte, Christian Schön, der sehr viel Geduld mit mir zeigte, Stefan, der immer eine Hilfe war und Unterstützung in allen Lagen gewährte und Andi, der mir nicht nur bei den Computerproblemen helfen konnte.
Mein Dank gilt auch Alexis und Mieko, sie wissen schon warum. Last but not least gilt mein besonderer Dank Basti und Ronald, ohne sie gäbe es dieses Buch nicht.

www.ingramcontent.com/pod-product-compliance
Lightning Source LLC
Chambersburg PA
CBHW071940240426
43669CB00048B/2477